Dr. Oetker

Party Kuchen

Dr. Oetker

Party Kuchen

Dr. Oetker Verlag

04

Party Kuchen

Keine Party ohne Kuchen! Egal ob Geburtstagsfeier, Jubiläum, Sonntagsbrunch, Silvester, ob ungezwungen und rustikal oder fein und edel. Ohne ein süßes Highlight ist die beste Party nur halb so schön.

Backen Sie „Modetorten" mit Knoppers, Mars und Schokoküssen, verfeinern Sie die Teige mit Fanta, Coca-Cola oder Altbier und verarbeiten Sie allerlei Kekse, Früchte und Nüsse in den beliebten Kuchen und Torten.

Unter den „schnellen Köstlichkeiten" sorgt die Sunshine-Torte für Sonnenschein-Garantie. Das gilt auch für die Apfel-Brownies, denn wir haben eine ordentliche Portion Schokolade reingepackt. Die in schneeweiße Puderzuckerkleider gehüllten Himbeerküchlein überraschen mit einem flüssigen Kern und sind dabei absolut desserttauglich. Streuselecken werden von Jedem gerne verknuspert und sind der perfekte Take-Away-Kuchen.

Die „kleinen Sünden" kommen alle portionsgerecht daher: Wählen Sie zwischen Cheesecake im Glas, Tassenkuchen mit Likör, Zitronen-Joghurt-Küchlein im Waffelbecher oder Doppeldecker-Windbeuteln am Spieß.

Richtig in Schale geworfen haben sich die Kreationen im Kapitel „süße Performance": In knallpinken Cremekleidern buhlen das Nougat-Kirsch-Herz und die marmorierte Eierlikörtorte um die Aufmerksamkeit Ihrer Gäste. Die aus bunten Cupcakes arrangierten Blütenranken nehmen den Großteil des Buffets in Anspruch und die 1001-Nacht-Torte verleiht dem Mitternachtskaffee orientalischen Glanz. Als kühle Schönheiten präsentieren sich Profiteroles mit selbst gemachter Vanilleeiscreme. Das Eis wird allerdings gleich wieder gebrochen: mit heißer Schokoladensauce, die kurz vor dem Servieren darüber gegossen wird.

Wir haben alle Rezepte ausprobiert, für partytauglich befunden und so für Sie aufgeschrieben, dass sie garantiert gelingen.

Seite 82–119

Kleine Sünden

Seite 120–153

Süße Performance

08

Beliebte Modetorten

Fanta Torte, Sägespänekuchen und Schokokusstorte mit Mandarinen: Die Klassiker auf dem Kuchenbuffet garantieren Vorfreude auf geschätzte Geschmackserlebnisse und wecken Erinnerungen an vergangene Feierlichkeiten. Außerdem verrät Frau Holle exklusiv ihre eigene Tortenkreation und schickt das Rezept per Himmelsboten direkt von Wolke 7.

Tipps zum Vorbereiten

* Die Torte schmeckt besonders gut, wenn der getränkte Tortenboden über Nacht durchziehen kann.

Stricknadeltorte

Mit Alkohol

Zubereitungszeit: 30 Minuten, ohne Abkühl- und Durchziehzeit
Backzeit: 30–35 Minuten
16 Stücke

Für den Rührteig:
250 g Butter oder Margarine (zimmerwarm)
250 g Zucker
1 Pck. Dr. Oetker Vanillin-Zucker
3–4 Tropfen Butter-Vanille-Aroma
6 Eier (Größe M)
250 g Weizenmehl
2 ½ gestr. TL Dr. Oetker Backin

Zum Tränken:
3 EL Zucker
2 EL gesiebtes Kakaopulver
250 ml kalter Kaffee
1 EL Rum

Für die Eierlikörsahne:
400 g Schlagsahne (mind. 30 % Fett)
2 Pck. Sahnesteif
2 TL Zucker
5 EL Eierlikör

½ gestr. TL Kakaopulver
etwa 25 g Raspelschokolade

01 Den Backofen vorheizen.
Ober-/Unterhitze: etwa 180 °C
Heißluft: etwa 160 °C

02 Für den Teig Butter oder Margarine mit einem Mixer (Rührstäbe) auf höchster Stufe geschmeidig rühren. Nach und nach Zucker, Vanillin-Zucker und Aroma unterrühren. So lange rühren, bis eine gebundene Masse entstanden ist. Die Eier nach und nach unterrühren (jedes Ei etwa ½ Minute).

03 Mehl mit Backpulver mischen und in 2 Portionen auf mittlerer Stufe kurz unterrühren. Den Teig in eine Springform (Ø 28 cm, Boden gefettet) füllen und glatt streichen. Die Form auf dem Rost in den vorgeheizten Backofen schieben. Den Tortenboden **30–35 Minuten backen.**

04 Die Form auf einen Kuchenrost stellen. Sofort nach dem Backen in die Oberfläche des Bodens mit einer dicken Stricknadel beliebig viele Löcher einstechen. Den Tortenbodenrand von der Form lösen, aber den Springformrand nicht entfernen. Den Tortenboden erkalten lassen.

05 Zum Tränken Zucker mit Kakao mischen, nach und nach mit Kaffee und Rum verrühren. Den Tortenboden mit einem großen Backpinsel oder einem Esslöffel nach und nach mit der gesamten Flüssigkeit tränken. Den Tortenboden zugedeckt mehrere Stunden durchziehen lassen.

06 Für die Eierlikörsahne die Sahne mit 1 Päckchen Sahnesteif und Zucker sehr steif schlagen. Restliches Sahnesteif mit dem Eierlikör verrühren und vorsichtig unter die Sahne heben. Die Eierlikörsahne in den Kühlschrank stellen.

07 Kurz vor dem Servieren die Eierlikörsahne auf der Torte verstreichen. Die Stricknadeltorte mit Kakao und Schokolade verzieren.

Pro Stück: E: 5 g, F: 24 g, Kh: 35 g, kJ: 1611, kcal: 385, BE: 3,0

Tipps zum Vorbereiten

* Die Torte lässt sich gut am Vortag der Party bis einschließlich Punkt 11 zubereiten.

* Die Schokoladenglasur dann kurz vor dem Servieren auf den Guss spritzen.

Fanta* Torte

Dauert etwas länger

Zubereitungszeit: 50 Minuten, ohne Abkühlzeit
Kühlzeit: 4–5 Stunden
Backzeit: etwa 40 Minuten
14–16 Stücke

Für den Knetteig:
125 g Weizenmehl
50 g Zucker
1 Pck. Dr. Oetker Vanillin-Zucker
2 EL Fanta Orange (Limonade)
100 g Butter

Für den Biskuitteig:
75 g Butter
3 Eier (Größe M)
125 g Zucker
1 Pck. Dr. Oetker Vanillin-Zucker
100 g Weizenmehl
1 gestr. TL Dr. Oetker Backin
50 g abgezogene, gem. Mandeln

2 EL Johannisbeergelee

Für die Füllung:
5 Blatt weiße Gelatine
3 Eier (Größe M)
50 g Zucker
250 ml Fanta Orange (Limonade)
1 Pck. Dr. Oetker Finesse Orangenschalen-Aroma
250 g Schlagsahne (mind. 30 % Fett)

Für den Guss:
4 Blatt weiße Gelatine
250 ml Fanta Orange (Limonade)

Zum Garnieren:
50 g Schokoladenglasur

01 Den Backofen vorheizen.
Ober-/Unterhitze: etwa 180 °C
Heißluft: etwa 160 °C

02 Für den Knetteig die Zutaten in einer Rührschüssel mit einem Mixer (Knethaken) zunächst kurz auf niedrigster, dann auf höchster Stufe gut durcharbeiten. Dann den Teig auf der leicht bemehlten Arbeitsfläche kurz verkneten. Sollte er kleben, ihn in Frischhaltefolie gewickelt eine Zeit lang in den Kühlschrank stellen.

03 Teig auf einem Springformboden (Ø 26 cm, gefettet) ausrollen und mehrmals mit einer Gabel einstechen. Den Springformrand um den Boden legen. Die Form auf dem Rost in den vorgeheizten Backofen schieben. Den Boden **etwa 15 Minuten backen.**

04 Boden vom Springformboden lösen, aber darauf auf einem Kuchenrost erkalten lassen.

05 Für den Biskuitteig Butter zerlassen und abkühlen lassen. Eier mit einem Mixer (Rührstäbe) auf höchster Stufe in 1 Minute schaumig schlagen. Zucker mit Vanillin-Zucker mischen, in 1 Minute einstreuen, dann noch etwa 2 Minuten weiterschlagen.

06 Mehl mit Backpulver mischen, auf die Eiercreme geben und kurz auf niedrigster Stufe unterrühren. Zuletzt Mandeln und Butter unterrühren. Den Teig in einer Springform (Ø 26 cm, mit Backpapier belegt) verstreichen. Die Form auf dem Rost in den vorgeheizten Backofen schieben. Den Boden bei angegebener Backofeneinstellung **etwa 25 Minuten backen.**

07 Den Boden aus der Form lösen, auf einen mit Backpapier belegten Kuchenrost stürzen, erkalten lassen. Dann mitgebackenes Backpapier abziehen.

08 Knetteigboden auf eine Tortenplatte legen, mit Gelee bestreichen. Biskuitboden darauflegen. Einen Tortenring darumlegen.

09 Für die Füllung Gelatine nach Packungsanleitung einweichen. Eier mit Zucker in einer Schüssel im heißen Wasserbad etwa 5 Minuten schaumig schlagen. Gelatine leicht ausdrücken, in der heißen Eiercreme unter Rühren auflösen. Limonade und Aroma kurz unterrühren. Schüssel mit der Eiercreme aus dem Wasserbad nehmen und etwa 5 Minuten kalt schlagen, evtl. kurz in den Kühlschrank stellen.

10 Sobald die Eiercreme beginnt zu gelieren, Sahne steif schlagen und unterheben. Die Füllung auf den Biskuitboden streichen, etwa 3 Stunden in den Kühlschrank stellen.

11 Für den Guss Gelatine nach Anleitung einweichen. Die Hälfte der Limonade erwärmen, Gelatine leicht ausdrücken, darin unter Rühren auflösen. Restliche Limonade unterrühren, vorsichtig auf die Creme gießen. Torte 1–2 Stunden in den Kühlschrank stellen, bis der Guss fest ist.

12 Die Schokoglasur nach Anleitung schmelzen, in ein Spritztütchen füllen und feine Streifen auf den Guss spritzen. Torte sofort in Stücke schneiden und servieren.

* Rezept nicht durch Coca-Cola autorisiert.

Pro Stück: E: 6 g, F: 21 g, Kh: 36 g, kJ: 1494, kcal: 357, BE: 3,0

Tipps zum Vorbereiten

* Sie können die Torte bereits 1 Tag vor dem Servieren bis einschließlich Punkt 9 zubereiten und in den Kühlschrank stellen.

Schokokusstorte mit Mandarinen

Sahnig-fruchtig

Zubereitungszeit: 45 Minuten, ohne Abkühlzeit
Kühlzeit: etwa 60 Minuten
Backzeit: 25–30 Minuten
14–16 Stücke

Für den Biskuitteig:
4 Eier (Größe M)
4 EL heißes Wasser
175 g Zucker
1 Pck. Dr. Oetker Vanillin-Zucker
150 g Weizenmehl
50 g Speisestärke
2 TL Dr. Oetker Backin

Für die Füllung:
3 Blatt weiße Gelatine
12 Schokoküsse
250 g Speisequark (40 % Fett)
1 TL Zitronensaft
25 g Zucker
150 g saure Sahne
500 g Schlagsahne (mind. 30 % Fett)
3 Pck. Sahnesteif
350 g abgetropfte Mandarinen (aus der Dose)

Nach Belieben:
einige Zitronenmelisseblättchen

01 Den Backofen vorheizen.
Ober-/Unterhitze: etwa 180 °C
Heißluft: etwa 160 °C

02 Für den Teig Eier und Wasser mit einem Mixer (Rührstäbe) auf höchster Stufe in 1 Minute schaumig schlagen. Zucker mit Vanillin-Zucker mischen, in 1 Minute einstreuen, danach noch etwa 2 Minuten weiterschlagen.

03 Mehl mit Stärke und Backpulver mischen, die Hälfte davon auf die Eiercreme geben, auf niedrigster Stufe kurz unterrühren. Restliches Mehlgemisch auf die gleiche Weise unterarbeiten.

04 Den Teig in eine Springform (Ø 28 cm, Boden gefettet, mit Backpapier belegt) füllen und glatt streichen. Die Form auf dem Rost in den vorgeheizten Backofen schieben. Boden **25–30 Minuten backen.**

05 Den Tortenboden aus der Form lösen, auf einen mit Backpapier belegten Kuchenrost stürzen und erkalten lassen. Anschließend mitgebackenes Backpapier abziehen und den Boden einmal waagerecht durchschneiden.

06 Für die Füllung Gelatine nach Packungsanleitung einweichen. Die Waffeln der Schokoküsse vorsichtig abtrennen, halbieren oder vierteln und zum Garnieren beiseitelegen.

07 Die Schaummasse mit Quark, Zitronensaft, Zucker und saurer Sahne verrühren.

08 Gelatine leicht ausdrücken und in einem kleinen Topf bei schwacher Hitze unter Rühren auflösen. Aufgelöste Gelatine zunächst mit etwa 4 Esslöffeln von der Quarkmasse verrühren, dann die Mischung unter die restliche Quarkmasse rühren. Sobald die Masse beginnt zu gelieren, Sahne mit Sahnesteif steif schlagen und portionsweise unter die Quarkmasse heben.

09 Von den Mandarinen 14–16 Stück zum Garnieren beiseitelegen, die restlichen Mandarinen auf dem unteren Boden verteilen. Etwa zwei Drittel der Quarkcreme gleichmäßig darauf verstreichen und den oberen Boden daraufsetzen. Mit der restlichen Quarkcreme Tortenoberfläche und -rand bestreichen. Die Torte etwa 60 Minuten in den Kühlschrank stellen.

10 Die Torte zum Servieren mit den beiseitegelegten Schokokusswaffeln, Mandarinen und nach Belieben mit Zitronenmelisse garnieren.

Pro Stück: E: 7 g, F: 17 g, Kh: 44 g, kJ: 1507, kcal: 359, BE: 3,5

Tipps zum Vorbereiten

* Der Kuchen kann gut am Vortag bis einschließlich Punkt 6 zubereitet werden.

* Die Sägespäne 2–3 Stunden vor dem Servieren zubereiten und auf den Kuchen geben.

Sägespänekuchen

Gelingt leicht

Zubereitungszeit: 45 Minuten, ohne Abkühlzeit
Kühlzeit: etwa 30 Minuten
Backzeit: etwa 20 Minuten
etwa 20 Stücke

Für den All-in-Teig:
150 g Weizenmehl
50 g Speisestärke
15 g Kakaopulver
4 gestr. TL Dr. Oetker Backin
200 g Zucker
1 Pck. Dr. Oetker Vanillin-Zucker
1 Prise Salz
4 Eier (Größe M)
200 g Butter oder Margarine (zimmerwarm)
2–3 EL Milch (3,5 % Fett)

Für die Buttercreme:
1 Pck. Dr. Oetker Pudding-Pulver Vanille-Geschmack
500 ml Milch (3,5 % Fett)
75 g Zucker
200 g Butter (zimmerwarm)

Für den Belag:
75 g Butter
100 g Zucker
200 g Kokosraspel

01 Den Backofen vorheizen.
Ober-/Unterhitze: etwa 180 °C
Heißluft: etwa 160 °C

02 Für den Teig Mehl mit Speisestärke, Kakao und Backpulver mischen und in eine Rührschüssel geben. Restliche Zutaten hinzufügen und mit einem Mixer (Rührstäbe) zunächst kurz auf niedrigster, dann auf höchster Stufe in etwa 2 Minuten zu einem Teig verarbeiten.

03 Den Teig auf ein Backblech (30 x 40 cm, gefettet) geben und glatt streichen. Das Backblech in den vorgeheizten Backofen schieben. Den Boden **etwa 20 Minuten backen.**

04 Das Backblech auf einen Kuchenrost stellen und den Boden darauf erkalten lassen.

05 Für die Buttercreme einen Pudding nach Packungsanleitung aus Pudding-Pulver und Milch, aber nur mit 75 g Zucker zubereiten und sofort in eine Schüssel geben. Frischhaltefolie direkt auf die Puddingoberfläche geben, damit sich keine Haut bildet, und den Pudding bei Zimmertemperatur erkalten lassen.

06 Butter mit einem Mixer (Rührstäbe) geschmeidig rühren, anschließend den Pudding esslöffelweise unterrühren. Dabei darauf achten, dass Pudding und Butter Zimmertemperatur haben, da die Creme sonst gerinnt. Die Buttercreme auf den Kuchen geben und glatt streichen. Den Kuchen etwa 30 Minuten in den Kühlschrank stellen und die Buttercreme fest werden lassen.

07 Für den Belag die „Sägespäne" zubereiten. Dazu Butter in einem Topf zerlassen. Zucker und Kokosraspel hinzufügen und unter Rühren leicht bräunen. „Sägespäne" etwas abkühlen lassen und gleichmäßig auf die Buttercreme streuen, evtl. leicht andrücken.

Tipp: Ohne „Sägespäne" lässt sich der Kuchen gut einfrieren.

Pro Stück: E: 4 g, F: 29 g, Kh: 30 g, kJ: 1661, kcal: 397, BE: 2,5

Tipps zum Vorbereiten

* Backen Sie den Kuchen am besten am Vormittag der Party.

Frau-Holle-Torte

Beliebt

Zubereitungszeit: 35 Minuten, ohne Abkühlzeit
Backzeit: etwa 45 Minuten
12 Stücke

Für den Knetteig:
200 g Weizenmehl
1 gestr. TL Dr. Oetker Backin
100 g Zucker
1 Pck. Dr. Oetker Vanillin-Zucker
1 Eigelb (Größe M)
1 Ei (Größe M)
100 g Butter

1 EL Weizenmehl

Für den Belag:
500 g Apfelmus
100 g gem. Haselnusskerne
75 g Wild-Preiselbeeren

1 Eiweiß (Größe M)
50 g gesiebter Puderzucker

01 Für den Knetteig Mehl mit Backpulver mischen und in eine Rührschüssel geben. Zucker, Vanillin-Zucker, Eigelb, Ei und Butter hinzufügen und mit einem Mixer (Knethaken) zunächst kurz auf niedrigster, dann auf höchster Stufe gut durcharbeiten.

02 Anschließend den Teig auf der leicht bemehlten Arbeitsfläche kurz verkneten. Sollte er kleben, ihn in Frischhaltefolie gewickelt eine Zeit lang in den Kühlschrank stellen.

03 Den Backofen vorheizen.
Ober-/Unterhitze: etwa 200 °C
Heißluft: etwa 180 °C

04 Zwei Drittel des Teiges auf einem Springformboden (Ø 26 cm, gefettet) ausrollen und mehrmals mit einer Gabel einstechen. Den Springformrand darumlegen. Unter den restlichen Teig den Esslöffel Mehl kneten. Den Teig zu einer Rolle formen und diese als Rand auf den Teigboden legen. Die Rolle so an die Form drücken, dass ein etwa 3 cm hoher Rand entsteht.

05 Die Form auf dem Rost in den vorgeheizten Backofen schieben. Den Tortenboden **etwa 15 Minuten vorbacken.**

06 Den Boden in der Form auf einem Kuchenrost erkalten lassen.

07 Für den Belag Apfelmus, Haselnusskerne und Preiselbeeren vermischen und gleichmäßig auf dem Teigboden verstreichen.

08 Backofentemperatur um 40 °C auf Ober-/Unterhitze: etwa 160 °C, Heißluft: etwa 140 °C herunterschalten.

09 Das Eiweiß steif schlagen. Puderzucker nach und nach unterschlagen. Eischnee in einen Spritzbeutel mit kleiner Lochtülle füllen und als kleine Wölkchen auf den Belag spritzen. Die Torte wieder in den heißen Backofen schieben und **etwa 30 Minuten backen.**

10 Die Torte in der Form auf einem Kuchenrost leicht abkühlen lassen, dann aus der Form lösen und vollständig erkalten lassen.

Pro Stück: E: 5 g, F: 14 g, Kh: 38 g, kJ: 1232, kcal: 294, BE: 3,0

Tipps zum Vorbereiten

* Die Kuppel kann am Vortag bis einschließlich Punkt 7 zubereitet werden. Die Kuppel dann zugedeckt in den Kühlschrank stellen und kurz vor dem Servieren mit Puderzucker bestäuben.

Snowball-Kuppel

Mit Alkohol

Zubereitungszeit: 60 Minuten, ohne Abkühlzeit
Kühlzeit: etwa 3 Stunden
Backzeit: etwa 30 Minuten
12–14 Stücke

Für den Teig:
3 Eier (Größe M)
125 g Zucker
100 ml Sonnenblumenöl
100 ml Eierlikör
200 g Weizenmehl
3 gestr. TL Dr. Oetker Backin

Für die Fruchtfüllung:
300 g Himbeeren

Für den Belag:
6 Blatt weiße Gelatine
1 Pck. Dr. Oetker Pudding-Pulver Vanille-Geschmack
50 g Zucker
150 ml Eierlikör
300 ml Milch (1,5 % Fett)
400 g Schlagsahne (mind. 30 % Fett)

etwa 50 g Puderzucker

01 Den Backofen vorheizen.
Ober-/Unterhitze: etwa 180 °C
Heißluft: etwa 160 °C

02 Für den Teig Eier mit Zucker, Sonnenblumenöl und Eierlikör in einer Rührschüssel mit einem Mixer (Rührstäbe) auf höchster Stufe verrühren. Mehl mit Backpulver mischen, in 2 Portionen kurz auf mittlerer Stufe unterrühren. Den Teig in eine Springform (Ø 26 cm, Boden gefettet, mit Backpapier belegt) geben und glatt streichen.

03 Form auf dem Rost in den vorgeheizten Backofen schieben. Den Tortenboden **etwa 30 Minuten backen.**

04 Den Tortenboden auf einen mit Backpapier belegten Kuchenrost stürzen und erkalten lassen. Mitgebackenes Backpapier abziehen.

05 Für die Fruchtfüllung die Himbeeren verlesen, kurz abspülen und gut auf Küchenpapier abtropfen lassen. Den Tortenboden wieder umdrehen und gut 1 cm tief aushöhlen. Dabei einen etwa 1 cm breiten Rand stehen lassen. Das herausgenommene Gebäck fein zerbröseln und beiseitestellen. Die Himbeeren auf dem Tortenboden verteilen.

06 Für den Belag die Gelatine in kaltem Wasser nach Packungsanleitung einweichen. Pudding-Pulver mit Zucker und Eierlikör anrühren. Die Milch in einem Topf zum Kochen bringen. Das angerührte Pudding-Pulver unterrühren und unter Rühren aufkochen lassen. Den Topf von der Kochstelle nehmen. Die Gelatine leicht ausdrücken und unter Rühren in dem heißen Pudding auflösen. Pudding erkalten lassen, dabei gelegentlich durchrühren.

07 Die Sahne steif schlagen. Sobald der Pudding völlig erkaltet ist, die Sahne unterheben. Die Creme kuppelartig auf die Himbeeren streichen. Die Kuppel mit den beiseitegestellten Bröseln bestreuen. Die Kuppel etwa 3 Stunden in den Kühlschrank stellen.

08 Die Snowball-Kuppel kurz vor dem Servieren dick mit Puderzucker bestäuben.

Tipps: Für eine alkoholfreie Torte einfach den Eierlikör im Teig und in der Creme durch Orangensaft ersetzen.

Pro Stück: E: 6 g, F: 21 g, Kh: 40 g, kJ: 1625, kcal: 389, BE: 3,5

Tipps zum Vorbereiten

* Sie können den Kuchen bereits 1 Tag vor dem Servieren zubereiten. Kurz vor dem Servieren den Kuchen mit Puderzucker bestäuben.

Faule-Weiber-Kuchen

Einfach zu machen

Zubereitungszeit: 25 Minuten, ohne Abkühlzeit
Backzeit: etwa 100 Minuten
12 Stücke

Für den Knetteig:
200 g Weizenmehl
1 gestr. TL Dr. Oetker Backin
75 g Zucker
125 g Butter oder Margarine

Für die Füllung:
750 g Magerquark
2 Eier (Größe M)
150 g Zucker
1 Pck. Dr. Oetker Pudding-Pulver Vanille-Geschmack
200 g Schmand (Sauerrahm)
75 ml Speiseöl, z. B. Sonnenblumenöl
150 ml Milch (3,5 % Fett)

Zum Bestäuben:
Puderzucker

01 Den Backofen vorheizen.
Ober-/Unterhitze: etwa 180 °C
Heißluft: etwa 160 °C

02 Für den Teig Mehl mit Backpulver mischen und in eine Rührschüssel geben. Restliche Zutaten hinzufügen und mit einem Mixer (Knethaken) zunächst kurz auf niedrigster, dann auf höchster Stufe gut durcharbeiten.

03 Anschließend den Teig auf der leicht bemehlten Arbeitsfläche kurz verkneten. Sollte er kleben, ihn in Frischhaltefolie gewickelt eine Zeit lang in den Kühlschrank stellen.

04 Dann zwei Drittel des Teiges auf dem Boden einer Springform (Ø 26 cm, gefettet) ausrollen. Springformrand darumlegen und den Boden mehrmals mit einer Gabel einstechen. Die Form auf dem Rost in den vorgeheizten Backofen schieben. Den Boden **etwa 15 Minuten vorbacken.**

05 Die Form auf einen Kuchenrost stellen und den Boden etwas abkühlen lassen.

06 Den restlichen Teig zu einer Rolle formen, sie auf den vorgebackenen Boden legen und so an den Formrand drücken, dass ein etwa 3 cm hoher Rand entsteht.

07 Für die Füllung Quark, Eier, Zucker, Pudding-Pulver, Schmand, Speiseöl und Milch geschmeidig rühren. Die Füllung auf dem vorgebackenen Boden verteilen.

08 Die Form wieder auf dem Rost in den heißen Backofen schieben. Den Kuchen bei gleicher Backofeneinstellung **weitere etwa 85 Minuten backen.**

09 Die Form auf einen Kuchenrost stellen und den Kuchen in der Form erkalten lassen. Vor dem Servieren mit Puderzucker bestäuben.

Tipps: Sie können nach Belieben den erkalteten Kuchen mit gut abgetropftem Obst aus der Dose belegen und das Obst mit Tortenguss überziehen.

Pro Stück: E: 12 g, F: 21 g, Kh: 38 g, kJ: 1632, kcal: 390, BE: 3,0

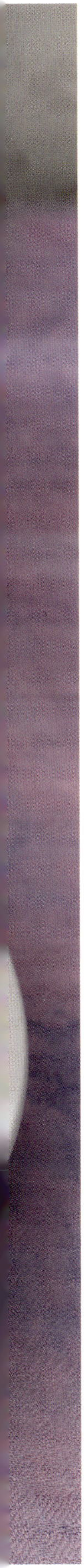

Tipps zum Vorbereiten

* Da die Trümmertorte gut durchgezogen am besten schmeckt, können Sie die Torte bereits am Vorabend der Party zubereiten.

Trümmertorte

Fruchtig und sahnig

Zubereitungszeit: 50 Minuten, ohne Abkühlzeit
Kühlzeit: 4–5 Stunden
Backzeit: etwa 25 Minuten
24 Stücke

Für den Rührteig:
100 g Butter oder Margarine (zimmerwarm)
100 g Zucker
1 Pck. Dr. Oetker Vanillin-Zucker
4 Eigelb (Größe M)
150 g Weizenmehl
2 gestr. TL Dr. Oetker Backin
3 EL Milch (3,5 % Fett)

Für das Baiser:
4 Eiweiß (Größe M)
1 Prise Salz
200 g Zucker

Für die Füllung:
frisch gepresster Saft von 3 Orangen (etwa 125 ml)
frisch gepresster Saft von 2 Zitronen (etwa 75 ml)
100 g Zucker
125 ml Orangensaft
2 Pck. Dr. Oetker Pudding-Pulver Sahne-Geschmack
500 g Schlagsahne (mind. 30 % Fett)
1 Pck. Sahnesteif

01 Für den Rührteig Butter oder Margarine mit einem Mixer (Rührstäbe) auf höchster Stufe geschmeidig rühren. Nach und nach Zucker und Vanillin-Zucker unterrühren. So lange rühren, bis eine gebundene Masse entstanden ist.

02 Eigelb nach und nach unterrühren. Mehl mit Backpulver mischen und auf mittlerer Stufe kurz unterrühren. Milch ebenfalls kurz unterrühren. Den Teig gleichmäßig dünn auf ein Backblech (30 x 40 cm, mit Backpapier belegt) streichen.

03 Den Backofen vorheizen.
Ober-/Unterhitze: etwa 180 °C
Heißluft: etwa 160 °C

04 Für das Baiser Eiweiß mit Salz mit einem Mixer (Rührstäbe) auf höchster Stufe steif schlagen. Der Schnee muss so fest sein, dass ein Messerschnitt sichtbar bleibt. Nach und nach Zucker unterschlagen und so lange schlagen, bis der Eischnee stark glänzt. Baiser gleichmäßig auf den Teig streichen. Nach Belieben mit einer Gabel ein Muster einziehen. Das Backblech in den vorgeheizten Backofen schieben. Den Boden **etwa 25 Minuten backen.**

05 Inzwischen für die Füllung Orangen- und Zitronensaft (200 ml, evtl. mit Wasser auffüllen) mit Zucker in einem Topf aufkochen lassen. Orangensaft mit Pudding-Pulver anrühren, unter Rühren in den kochenden Orangen-Zitronen-Saft geben und aufkochen. Dabei darauf achten, dass sich keine Klümpchen bilden. Den Topf von der Kochstelle nehmen. Die Oberfläche des Puddings mit Frischhaltefolie belegen. Den Pudding vollständig erkalten lassen.

06 Das Backblech auf einen Kuchenrost stellen. Den Gebäckboden erkalten lassen. Dann den Gebäckboden senkrecht halbieren (je etwa 30 x 20 cm), das Backpapier durchschneiden. Eine Gebäckbodenhälfte vom Backblech nehmen und beiseitelegen. Um die andere Gebäckbodenhälfte einen Backrahmen stellen.

07 Sahne steif schlagen, dabei nach und nach Sahnesteif einrieseln lassen. Erkalteten Pudding mit einem Mixer (Rührstäbe) glatt rühren. Nach und nach vorsichtig die Sahne in mehreren Portionen unterziehen.

08 Die Füllung auf den Boden geben und glatt streichen. Den beiseitegelegten Gebäckboden vom Backpapier lösen, auf die Füllung legen und vorsichtig andrücken.

09 Die Trümmertorte 4–5 Stunden in den Kühlschrank stellen und durchziehen lassen, dabei die Torte nicht zudecken.

10 Die Trümmertorte mit einem scharfen Sägemesser vorsichtig, von oben nach unten sägend, in etwa 5 x 5 cm große Stücke schneiden, dabei das Backpapier entfernen.
Die Tortenstückchen z. B. in Papier-Muffinförmchen anrichten.

Pro Stück: E: 2 g, F: 11 g, Kh: 26 g, kJ: 910, kcal: 217, BE: 2,0

Tipps zum Vorbereiten

* Sie können die Torte bereits 1 Tag vor dem Servieren bis einschließlich Punkt 8 zubereiten und in den Kühlschrank stellen.

* Etwa 2 Stunden vor dem Servieren die Torte wie beschrieben fertig zubereiten.

Soft-Cake-Torte

Beliebt

Zubereitungszeit: 60 Minuten, ohne Abkühlzeit
Kühlzeit: etwa 4 Stunden
Backzeit: etwa 25 Minuten
12 Stücke

Für den Biskuitteig:
2 Eier (Größe M)
2 EL heißes Wasser
100 g Zucker
1 Pck. Dr. Oetker Vanillin-Zucker
50 g Weizenmehl
50 g Speisestärke
1 gestr. TL Dr. Oetker Backin

Für die Füllung:
1 Pck. ungezuckerter Tortenguss, klar
10 g Zucker
200 ml Orangensaft
50 g Orangenmarmelade

Für den Belag:
7 Blatt weiße Gelatine
500 g Speisequark (20 % Fett)
50 g Zucker
3 EL Orangensaft
250 g Schlagsahne (mind. 30 % Fett)
10–11 Griesson Soft Cake Orange

Für den Guss:
100 g Zartbitter-Schokolade (etwa 50 % Kakaoanteil)
125 g Schlagsahne

Zum Verzieren und Garnieren:
100 g Schlagsahne (mind. 30 % Fett)
3 Griesson Soft Cake Orange

01 Den Backofen vorheizen.
Ober-/Unterhitze: etwa 180 °C
Heißluft: etwa 160 °C

02 Für den Biskuitteig Eier und Wasser mit einem Mixer (Rührstäbe) auf höchster Stufe in 1 Minute schaumig schlagen. Zucker mit Vanillin-Zucker mischen, in 1 Minute einstreuen, noch etwa 2 Minuten weiterschlagen.

03 Mehl mit Stärke und Backpulver mischen, auf die Eiercreme geben und auf niedrigster Stufe kurz unterrühren. Den Biskuitteig in einer Springform (Ø 26 cm, Boden gefettet, mit Backpapier belegt) verstreichen. Die Form auf dem Rost in den vorgeheizten Backofen schieben. Den Boden **etwa 25 Minuten backen.**

04 Den Boden aus der Form lösen, auf einen mit Backpapier belegten Kuchenrost stürzen. Boden erkalten lassen, dann mitgebackenes Backpapier abziehen. Den Boden einmal waagerecht durchschneiden. Den unteren Boden auf eine mit Tortenspitze oder Backpapier belegte Tortenplatte legen. Einen Tortenring darumstellen.

05 Für die Füllung Tortenguss nach Packungsanleitung, aber mit den hier angegebenen Zutaten zubereiten und die Orangenmarmelade unterrühren. Den Guss von der Mitte aus gleichmäßig auf dem unteren Boden verteilen. Den oberen Boden darauflegen, etwas andrücken und etwa 30 Minuten in den Kühlschrank stellen.

06 Für den Belag Gelatine nach Packungsanleitung einweichen. Quark mit Zucker verrühren. Die Gelatine leicht ausdrücken und in einem kleinen Topf bei schwacher Hitze unter Rühren auflösen. Aufgelöste Gelatine zunächst mit dem Orangensaft, dann mit 4 Esslöffeln der Quarkmasse verrühren, dann die Mischung unter die restliche Quarkmasse rühren.

07 Sahne steif schlagen und unter die Quarkmasse heben. Die Hälfte der Quarkcreme auf den Boden geben und glatt streichen.

08 Einen Kreis aus Keksen mit der Schokoladenseite nach unten etwa 1 cm vom Rand entfernt darauflegen. Die restliche Quarkcreme daraufgeben und verstreichen. Die Torte etwa 3 Stunden in den Kühlschrank stellen.

09 Für den Guss Schokolade in Stücke brechen und in einem kleinen Topf im Wasserbad bei schwacher Hitze unter Rühren schmelzen. Die Sahne nach und nach unterrühren. Die Schokoladensahne auf die Tortenoberfläche geben und verstreichen. Die Torte anschließend nochmals etwa 30 Minuten in den Kühlschrank stellen, bis der Guss fest geworden ist.

10 Tortenring lösen und entfernen. Sahne steif schlagen und in einen Spritzbeutel mit Sterntülle füllen. Die Torte mit 12 Sahnetuffs verzieren. Die Kekse halbieren und an jeden zweiten Tuff anlegen.

Pro Stück: E: 10 g, F: 20 g, Kh: 42 g, kJ: 1612, kcal: 385, BE: 3,5

Tipps zum Vorbereiten

* Diesen Kuchen können Sie 1 Tag vor der Party zubereiten und zugedeckt kühl stellen.

* Oder den Kuchen bis einschließlich Punkt 7 vorbereiten und ebenfalls zugedeckt kühl stellen. Dann den Kuchen 1–2 Stunden vor dem Servieren fertig zubereiten.

Spiegeleierkuchen

Ideal zum Mitnehmen – gelingt leicht

Zubereitungszeit: 30 Minuten, ohne Abkühlzeit
Backzeit: etwa 35 Minuten
20 Stücke

Für den Belag:
2 Pck. Dr. Oetker Pudding-Pulver Vanille-Geschmack
80 g Zucker
750 ml Milch (3,5 % Fett)

Für den Rührteig:
150 g Butter oder Margarine (zimmerwarm)
150 g Zucker
1 Pck. Dr. Oetker Vanillin-Zucker
1 Prise Salz
3 Eier (Größe M)
300 g Weizenmehl
2 gestr. TL Dr. Oetker Backin
2 EL Milch (3,5 % Fett)

500 g Crème fraîche
480 g abgetropfte Aprikosenhälften (aus der Dose)

Für den Guss:
500 ml Aprikosensaft (aus der Dose)
2 Pck. ungezuckerter Tortenguss, klar
50 g Zucker

01 Für den Belag aus Pudding-Pulver, Zucker und der Milch einen Pudding nach Packungsanleitung, aber mit den hier angegebenen Zutaten zubereiten. Den Pudding etwas abkühlen lassen, dabei gelegentlich durchrühren.

02 Inzwischen einen Backrahmen auf ein Backblech (30 x 40 cm, gefettet) stellen. Den Backofen vorheizen.
Ober-/Unterhitze: etwa 180 °C
Heißluft: etwa 160 °C

03 Für den Teig die Butter oder Margarine mit einem Mixer (Rührstäbe) auf höchster Stufe geschmeidig rühren. Nach und nach Zucker, Vanillin-Zucker und Salz unterrühren. So lange rühren, bis eine gebundene Masse entstanden ist. Eier nach und nach unterrühren (jedes Ei etwa ½ Minute).

04 Das Mehl mit Backpulver mischen, abwechselnd in 2 Portionen mit der Milch kurz auf mittlerer Stufe unterrühren. Den Teig auf das Backblech geben und glatt streichen.

05 Die Crème fraîche unter den abgekühlten Pudding rühren. Die Puddingcreme gleichmäßig auf dem Teig verteilen.

06 Von den Aprikosenhälften den Saft auffangen und für den Guss beiseitestellen. Die Aprikosenhälften mit der Wölbung nach oben mit etwas Abstand auf der Puddingcreme verteilen. Das Backblech in den vorgeheizten Backofen schieben. Den Kuchen **etwa 35 Minuten backen.**

07 Das Backblech auf einen Kuchenrost stellen. Den Kuchen erkalten lassen.

08 Für den Guss den beiseitegestellten Aprikosensaft mit Wasser auf 500 ml auffüllen. Aus Tortengusspulver, Zucker und Saft einen Guss nach Packungsanleitung zubereiten. Den Guss zügig auf dem Kuchen verteilen. Guss fest werden lassen.

09 Zum Servieren den Backrahmen vorsichtig mit einem Messer lösen und entfernen.

Tipp: Für einen fettärmeren Kuchen kann Crème fraîche durch 250 g Magerquark und 250 g Joghurt (3,5 % Fett) ersetzt werden.

Pro Stück: E: 5 g, F: 16 g, Kh: 37 g, kJ: 1352, kcal: 324, BE: 3,0

Tipps zum Vorbereiten

* Der Tortenboden kann bereits am Vortag gebacken werden. Soll die Torte etwas länger, z. B. auf einem Buffet stehen, dann festigen Sie den Knoppers-Belag am besten mit 3 Blatt weißer Gelatine statt mit Sahnesteif. Die Gelatine dann nach Packungsanleitung zubereiten und unter die Belagmasse geben.

Knoppers-Torte

Beliebt

Zubereitungszeit: 30 Minuten, ohne Abkühlzeit
Backzeit: etwa 25 Minuten
12 Stücke

Für den Biskuitteig:
3 Eier (Größe M)
3 EL heißes Wasser
100 g Zucker
1 Pck. Dr. Oetker Vanillin-Zucker
75 g Weizenmehl
50 g Speisestärke
1 gestr. TL Dr. Oetker Backin
50 g gem. Haselnusskerne

Für die Füllung:
100 g gehackte Haselnusskerne
1 Pck. Paradiescreme Schokoladen-Geschmack (Dessertpulver)
150 ml Milch (1,5 % Fett)

Für den Knoppers-Belag:
5 Knoppers (Milch-Haselnuss-Schnitten, je 25 g)
400 g Schlagsahne (mind. 30 % Fett)
2 Pck. Dr. Oetker Vanillin-Zucker
2 Pck. Sahnesteif

240 g abgetropfte Aprikosenhälften (aus der Dose)

Zum Garnieren:
1–2 Knoppers (Milch-Haselnuss-Schnitten, je 25 g)

01 Den Backofen vorheizen.
Ober-/Unterhitze: etwa 200 °C
Heißluft: etwa 180 °C

02 Für den Teig Eier und Wasser mit einem Mixer (Rührstäbe) auf höchster Stufe in 1 Minute schaumig schlagen. Zucker und Vanillin-Zucker mischen, in 1 Minute einstreuen, dann noch etwa 2 Minuten weiterschlagen.

03 Mehl mit Speisestärke und Backpulver mischen, auf die Eiercreme geben und auf niedrigster Stufe kurz unterrühren. Zuletzt kurz die Haselnusskerne unterrühren. Den Teig in eine Springform (Ø 26 cm, Boden gefettet, mit Backpapier belegt) füllen und glatt streichen.

04 Die Form auf dem Rost in den vorgeheizten Backofen schieben. Den Tortenboden **etwa 25 Minuten backen.**

05 Boden aus der Form lösen, auf einen mit Backpapier belegten Kuchenrost stürzen und erkalten lassen. Anschließend mitgebackenes Backpapier vorsichtig abziehen. Den Tortenboden einmal waagerecht durchschneiden und den unteren Boden auf eine Tortenplatte legen.

06 Für die Füllung Haselnusskerne in einer beschichteten Pfanne ohne Fett anrösten und auf einen Teller geben. Das Dessertpulver nach Packungsanleitung, aber nur mit 150 ml Milch aufschlagen und zuletzt 50 g der gerösteten Haselnusskerne unterrühren.

07 Für den Belag Knoppers klein schneiden. Sahne mit Vanillin-Zucker und Sahnesteif steif schlagen und die Knoppers-Stückchen unterheben.

08 Die Aprikosen mit der Wölbung nach oben auf den Boden legen, dabei am Rand 1–2 cm frei lassen. Die Schokofüllung darauf verstreichen. Den zweiten Boden auflegen und leicht andrücken. Dann den Knoppers-Belag mithilfe eines Messers kuppelförmig auf die Torte streichen. Die restlichen gerösteten Haselnusskerne daraufstreuen.

09 Zum Garnieren Knoppers in kleine Würfel schneiden und dekorativ auf die Tortenoberfläche legen. Die Torte kann sofort serviert werden.

Pro Stück: E: 7 g, F: 25 g, Kh: 37 g, kJ: 1674, kcal: 400, BE: 3,0

Tipps zum Vorbereiten

* Der Kuchen kann bereits am Vorabend der Party zubereitet werden und im Kühlschrank auf seinen Einsatz warten.

Blubberkuchen

Shake Cake

Zubereitungszeit: 40 Minuten, ohne Abkühlzeit
Kühlzeit: etwa 1 ½ Stunden
Backzeit: etwa 20 Minuten
20 Stücke

Für den Schüttelteig:
300 g Weizenmehl
3 gestr. TL Dr. Oetker Backin
200 g Zucker
1 Pck. Dr. Oetker Vanillin-Zucker
1 Pck. Dr. Oetker Finesse Geriebene Zitronenschale
4 Eier (Größe M)
150 ml Speiseöl, z. B. Sonnenblumenöl
150 ml Mineralwasser

Für den Belag:
10 Blatt weiße Gelatine
1 kg Dickmilch
Saft von 1 Zitrone
75 g Zucker
1 Pck. Dr. Oetker Vanillin-Zucker
500 g Himbeeren
500 g Schlagsahne (mind. 30 % Fett)

Für den Guss:
2 Pck. ungezuckerter Tortenguss, rot
500 ml Flüssigkeit, z. B. Himbeersaft, Apfelsaft oder Wasser
30 g Zucker

01 Den Backofen vorheizen.
Ober-/Unterhitze: etwa 180 °C
Heißluft: etwa 160 °C

02 Für den Teig Mehl mit Backpulver in einer verschließbaren Schüssel (etwa 3 l) mit Zucker, Vanillin-Zucker und Zitronenschale mischen. Eier, Öl und Mineralwasser hinzufügen und die Schüssel mit dem Deckel fest verschließen. Die Schüssel mehrmals kräftig schütteln (insgesamt 15–30 Sekunden), sodass alle Zutaten gut vermischt sind.

03 Alles mit einem Schneebesen oder Rührlöffel nochmals sorgfältig durchrühren, damit trockene Zutaten vom Rand mit untergerührt werden. Den Teig in eine Fettpfanne (30 x 40 cm, gefettet, gemehlt) füllen und glatt streichen. Die Fettpfanne in den vorgeheizten Backofen schieben. Den Teig **etwa 20 Minuten backen.**

04 Die Fettpfanne auf einen Kuchenrost stellen und den Boden darauf erkalten lassen.

05 Für den Belag Gelatine nach Packungsanleitung einweichen. Dickmilch mit Zitronensaft, Zucker und Vanillin-Zucker in einer Schüssel verrühren. Gelatine leicht ausdrücken und in einem kleinen Topf bei schwacher Hitze unter Rühren auflösen. Aufgelöste Gelatine zunächst mit etwa 4 Esslöffeln von der Dickmilchmasse verrühren, dann die Mischung unter die restliche Dickmilchmasse rühren. Die Masse in den Kühlschrank stellen.

06 Inzwischen die Himbeeren verlesen, evtl. abspülen und trocken tupfen. Die Himbeeren auf dem Kuchenboden verteilen. Sobald die Dickmilchmasse beginnt zu gelieren, die Sahne steif schlagen und unterheben. Die Dickmilchcreme auf den Himbeeren verstreichen und den Kuchen etwa 30 Minuten in den Kühlschrank stellen.

07 Für den Guss aus Tortengusspulver, Flüssigkeit und Zucker nach Packungsanleitung einen Guss zubereiten. Den heißen Guss sofort auf der Dickmilchcreme verteilen, sodass die Creme etwas angelöst wird. Damit schöne „Blubber" entstehen, evtl. den Guss mit einem Löffel leicht eindrücken. Den Kuchen zugedeckt etwa 1 Stunde in den Kühlschrank stellen.

Tipps: Wenn Sie keine Fettpfanne zur Hand haben, dann können Sie den Kuchen auch auf einem normalen Backblech zubereiten. Das Backblech dann wie beschrieben vorbereiten und einen Backrahmen in der Größe des Backbleches daraufstellen.

Pro Stück: E: 6 g, F: 19 g, Kh: 34 g, kJ: 1396, kcal: 334, BE: 3,0

Tipps zum Vorbereiten

* Bereiten Sie den Kuchen bereits am Vortag wie bis einschließlich Punkt 7 beschrieben zu.

* Den Kuchen dann etwa 30 Minuten vor dem Servieren wie angegeben garnieren.

Mars Bar Cheesecake

Stück für Stück ein Genuss

Zubereitungszeit: 50 Minuten, ohne Abkühlzeit
Kühlzeit: etwa 4 Stunden
Backzeit: etwa 40 Minuten
16 Stücke

Für den Boden:
200 g Butterkekse
130 g Butter

Für die Füllung:
600 g Doppelrahm-Frischkäse
200 g Magerquark
120 g Zucker
3 Eier (Größe M)
3 Riegel Mars® (je 45 g, aus dem 5er-Pack)

Für den Guss und zum Garnieren:
25 ml Milch
2 Riegel Mars® (je 45 g, aus dem 5er-Pack)

01 Für den Boden Butterkekse in einen Gefrierbeutel geben. Den Beutel fest verschließen. Die Kekse mit einer Teigrolle fein zerbröseln. Butter in einem Topf zerlassen. Die Keksbrösel hinzufügen und gut verrühren.

02 Die Masse in eine Springform (Ø 24 cm) geben. Die Keksbrösel mit der Rückseite eines Esslöffels 1–2 cm hoch an den Springformrand hochdrücken und auf dem Springformboden fest andrücken. Die Form mindestens 10 Minuten in den Kühlschrank stellen.

03 Für die Füllung Frischkäse, Quark und Zucker in einer Rührschüssel mit einem Mixer (Rührstäbe) auf mittlerer Stufe glatt rühren. Nach und nach Eier unterrühren. So lange schlagen, bis die Masse etwas fester wird.

04 Den Backofen vorheizen.
Ober-/Unterhitze: etwa 180 °C
Heißluft: etwa 160 °C

05 Die Hälfte der Frischkäsemasse auf den Bröselboden geben und glatt streichen. 3 Riegel Mars® zweimal längs durchschneiden und auf die Frischkäsemasse legen. Restliche Frischkäsemasse vorsichtig darauf verstreichen.

06 Die Form auf dem Rost im unteren Drittel in den vorgeheizten Backofen schieben. Den Cheesecake **etwa 40 Minuten backen.**

07 Die Form auf einen Kuchenrost stellen. Den Cheesecake in der Form vollständig erkalten lassen. Cheesecake aus der Form lösen, auf eine Platte setzen und mindestens 4 Stunden in den Kühlschrank stellen.

08 Für den Guss und zum Garnieren Milch in einem kleinen Topf erwärmen. Einen Riegel Mars® in kleine Stücke schneiden und hinzugeben. Mit einem Schneebesen ständig rühren, bis der Riegel geschmolzen ist. Masse etwas abkühlen lassen.

09 Den Guss vor dem Servieren auf den Cheesecake träufeln. Restlichen Riegel Mars® längs in Scheiben schneiden und auf den Guss legen.

® Registered trademark of MARS

Pro Stück: E: 9 g, F: 25 g, Kh: 27 g, kJ: 1530, kcal: 365, BE: 2,0

Tipps zum Vorbereiten

* Sie können die Torte bereits 1 Tag vor dem Servieren bis einschließlich Punkt 8 zubereiten und in den Kühlschrank stellen.

Schneeflöckchentorte

Schmeckt auch im Sommer

Zubereitungszeit: 45 Minuten, ohne Abkühlzeit
Kühlzeit: etwa 2 Stunden
Backzeit: 20–25 Minuten
16 Stücke

Für den Biskuitteig:
2 Eier (Größe M)
2–3 EL heißes Wasser
100 g Zucker
1 Pck. Dr. Oetker Vanillin-Zucker
75 g Weizenmehl
50 g Speisestärke
1 gestr. TL Dr. Oetker Backin

Für die Vanille-Kokos-Creme:
1 ½ Pck. Dr. Oetker Pudding-Pulver Vanille-Geschmack
75 g Zucker
500 ml Milch (1,5 % Fett)
200 g Butter

2 EL Aprikosenkonfitüre

Für den Belag:
480 g abgetropfte Aprikosenhälften (aus der Dose)
50 g abgetropfte, halbierte Cocktailkirschen (aus dem Glas)

250 g Magerquark
150 g Kokosraspel

etwa 25 g Kokosraspel

01 Den Backofen vorheizen.
Ober-/Unterhitze: etwa 180 °C
Heißluft: etwa 160 °C

02 Für den Biskuitteig Eier und Wasser mit einem Mixer (Rührstäbe) auf höchster Stufe in 1 Minute schaumig schlagen. Den Zucker und Vanillin-Zucker mischen, in 1 Minute einstreuen, dann noch etwa 2 Minuten weiterschlagen.

03 Mehl mit Speisestärke und Backpulver mischen, auf die Eiercreme geben und auf niedrigster Stufe kurz unterrühren. Den Biskuitteig in eine Springform (Ø 28 cm, Boden gefettet, mit Backpapier belegt) füllen und glatt streichen. Die Form sofort auf dem Rost in den vorgeheizten Backofen schieben. Den Tortenboden **20–25 Minuten backen.**

04 Den Boden aus der Form lösen, auf einen mit Backpapier belegten Kuchenrost stürzen und erkalten lassen. Anschließend mitgebackenes Backpapier abziehen.

05 Für die Vanille-Kokos-Creme aus Pudding-Pulver, Zucker und Milch einen Pudding nach Packungsanleitung, aber mit den hier angegebenen Zutaten zubereiten. Butter unterrühren und den Pudding abkühlen lassen, dabei ab und zu umrühren.

06 Den Biskuitboden mit Aprikosenkonfitüre bestreichen. Einen Tortenring oder den gesäuberten Springformrand um den Boden stellen.

07 Für den Belag die Aprikosenhälften mit Küchenpapier trocken tupfen. 3–4 Aprikosenhälften zum Garnieren beiseitelegen. In jede Vertiefung der Aprikosen eine Kirschhälfte geben und mit der Schnittfläche nach unten gleichmäßig auf dem Biskuitboden verteilen.

08 Quark und Kokosraspel unter den Pudding rühren. Die Creme auf den Aprikosen verteilen und wellenartig verstreichen. Die Torte etwa 2 Stunden in den Kühlschrank stellen.

09 Den Tortenring oder Springformrand lösen und entfernen. Die Tortenoberfläche mit Kokosraspeln bestreuen. Die beiseitegelegten Aprikosenhälften in Spalten schneiden, in Kokosraspeln wälzen und die Torte damit garnieren.

Pro Stück: E: 5 g, F: 19 g, Kh: 46 g, kJ: 1576, kcal: 377, BE: 4,0

Tipps zum Vorbereiten

* Der Kuchen kann gut am Vortag zubereitet werden.

Coca-Cola* Kuchen

Raffiniert

Zubereitungszeit: 40 Minuten, ohne Abkühlzeit
Backzeit: 25–30 Minuten
48 Stückchen

Für den All-in-Teig:
400 g Weizenmehl
3 gestr. TL Dr. Oetker Backin
460 g Zucker
250 g Butter oder Margarine (zimmerwarm)
40 g Kakaopulver
200 ml Coca-Cola
200 ml Buttermilch
6 Eier (Größe M)
8–10 Tropfen Butter-Vanille-Aroma aus dem Röhrchen

Zum Bestreuen:
200 g Pekannusskerne

Für den Guss:
140 g Butter
40 g Kakaopulver
200 ml Coca-Cola
700 g Puderzucker

01 Den Backofen vorheizen.
Ober-/Unterhitze: etwa 180 °C
Heißluft: etwa 160 °C

02 Für den Teig Mehl mit Backpulver in einer Rührschüssel mischen. Restliche Zutaten hinzufügen und alles mit einem Mixer (Rührstäbe) erst kurz auf niedrigster, dann auf höchster Stufe in etwa 2 Minuten zu einem glatten Teig verarbeiten.

03 Einen Backrahmen auf ein Backblech (30 x 40 cm, gefettet, mit Backpapier belegt) stellen. Den Teig in den Backrahmen einfüllen und glatt streichen. Das Backblech in den vorgeheizten Backofen schieben. Den Kuchen **25–30 Minuten backen.**

04 Zum Bestreuen inzwischen die Pekannusskerne grob hacken. Den Backrahmen lösen und entfernen. Den Kuchen auf einen mit Backpapier belegten Kuchenrost stürzen und mitgebackenes Backpapier abziehen. Sofort den Guss zubereiten.

05 Für den Guss Butter mit Kakao und Coca-Cola in einem Topf zum Kochen bringen. Die Mischung kurz etwas einkochen lassen, dann den Topf von der Kochstelle nehmen. Puderzucker mit einer Gabel in den Guss rühren.

06 Den warmen Guss auf den warmen Kuchen geben und etwas verteilen. Den Kuchen mit den gehackten Pekannusskernen bestreuen und erkalten lassen.

07 Zum Servieren den Kuchen in etwa 5 x 5 cm große Stückchen schneiden.

Tipp: Anstelle von Pekannusskernen können Sie auch die gleiche Menge Walnusskerne verwenden.

* Rezept nicht durch Coca-Cola autorisiert.

Pro Stück: E: 1 g, F: 6 g, Kh: 16 g, kJ: 499, kcal: 119, BE: 1,5

Schnelle Köstlichkeiten

Schokoküchlein mit Karamellkern aus dem Glas, Muffins mit Zitronencreme-Füllung und Himbeerküchlein mit flüssigem Schokoherz: Die sind nicht nur schnell gemacht, sondern sorgen mit ihrem Innenleben für überraschende Gaumenschmeichler. Wer es etwas größer braucht, der bäckt rasch ein Blech Brownie-Frischkäse-Kuchen mit Schogetten oder fruchtigen Kokos-Johannisbeer-Kuchen. Ganz ohne Backofen geht's auch: Keksschnitten mit Mango und Himbeer-Tiramisu-Torte kommen aus dem Kühlschrank.

Tipps zum Vorbereiten

* Die Torte bereits am Vortag zubereiten und in den Kühlschrank stellen.

Sunshine-Torte

Farbenfroh und fruchtig

Zubereitungszeit: 20 Minuten, ohne Abkühlzeit
Kühlzeit: etwa 60 Minuten
Backzeit: 15–20 Minuten
14–16 Stücke

Für den All-in-Teig:
100 g Weizenmehl
2 gestr. TL Dr. Oetker Backin
100 g Zucker
1 Pck. Dr. Oetker Vanillin-Zucker
3 Eier (Größe M)
100 g Butter oder Margarine (zimmerwarm)

Für den Belag:
500 g abgetropfte Pfirsichhälften (aus der Dose)
500 g Schlagsahne (mind. 30 % Fett)
2 Pck. Sahnesteif
1 Pck. Dr. Oetker Vanillin-Zucker

Für den Guss:
200 ml Multivitaminsaft oder Pfirsich-Maracuja-Nektar
1 Pck. Saucenpulver Vanille-Geschmack (ohne Kochen)

Nach Belieben zum Garnieren:
1 EL silberne Zuckerperlen

01 Den Backofen vorheizen.
Ober-/Unterhitze: etwa 200 °C
Heißluft: etwa 180 °C

02 Für den Teig Mehl mit Backpulver in einer Rührschüssel mischen. Die restlichen Zutaten hinzufügen und mit einem Mixer (Rührstäbe) zunächst kurz auf niedrigster, dann auf höchster Stufe in etwa 2 Minuten zu einem glatten Teig verarbeiten.

03 Den Teig in eine Springform (Ø 26 cm, mit Backpapier belegt) geben und glatt streichen. Die Form auf dem Rost in den vorgeheizten Backofen schieben. Den Tortenboden **15–20 Minuten backen.**

04 Den Boden aus der Form lösen, auf einen mit Backpapier belegten Kuchenrost stürzen und erkalten lassen. Mitgebackenes Backpapier entfernen.

05 Für den Belag die Pfirsichhälften in kleine Stückchen schneiden. Sahne mit Sahnesteif und Vanillin-Zucker steif schlagen. Die Pfirsichstückchen unterheben. Die Creme kuppelartig auf den Tortenboden streichen und in den Kühlschrank stellen.

06 Für den Guss aus Saft oder Nektar und Saucenpulver einen Guss nach Packungsanleitung, aber nur mit 200 ml Saft oder Nektar zubereiten. Den Guss auf die Cremekuppel geben. Die Torte etwa 60 Minuten in den Kühlschrank stellen.

07 Nach Belieben die Torte kurz vor dem Servieren mit den Zuckerperlen garnieren.

Tipps: Sie können auch den Saft der abgetropften Pfirsiche nehmen, allerdings ist Pfirsich-Maracujasaft oder Multivitaminsaft kräftiger in der Farbe und aromatischer. Es können auch Aprikosenhälften aus der Dose und Aprikosennektar verwendet werden. Soll die Torte etwas länger auf einem Buffet stehen, die Sahnecreme mit 3 Blättern weißer Gelatine statt mit Sahnesteif zubereiten. Die Blattgelatine in diesem Fall nach Packungsanleitung verarbeiten.

Pro Stück: E: 3 g, F: 17 g, Kh: 24 g, kJ: 1105, kcal: 264, BE: 2,0

Tipps zum Vorbereiten

* Der Kuchen ist ideal für die Zubereitung am Vortag.

Partywürfel

Preiswert

Zubereitungszeit: 40 Minuten, ohne Abkühlzeit
Kühlzeit: über Nacht
16–20 Stücke

60 g gehobelte Mandeln

Für den Pudding:

2 Pck. Dr. Oetker Pudding-Pulver Vanille-Geschmack
75 g Zucker
750 ml Milch (1,5 % Fett)
250 g Schlagsahne

Für die rote Grütze:

1 Pck. Rote Grütze Himbeer-Geschmack (Dessertpulver, ohne Sago)
1 EL Zucker
500 ml Kirsch-Nektar

225 g Zwieback

01 Die Mandeln in einer Pfanne ohne Fett leicht bräunen, herausnehmen und auf einem Teller erkalten lassen. Einen Springformrand (Ø 26 cm) auf eine mit Backpapier belegte Tortenplatte stellen. Die Hälfte der Mandeln gleichmäßig darin verteilen.

02 Für den Pudding aus Pudding-Pulver, Zucker, Milch und Sahne einen Pudding nach Packungsanleitung, aber mit den hier angegebenen Zutaten zubereiten. Den Pudding zugedeckt stehen lassen.

03 Für die rote Grütze aus Dessertpulver, Zucker und Kirsch-Nektar einen Pudding nach Packungsanleitung, aber mit den hier angegebenen Zutaten zubereiten. Rote Grütze ebenfalls zugedeckt stehen lassen.

04 Dann die Hälfte des Zwiebacks auf die Mandeln in den Springformrand legen. Dafür den Zwieback am Springformrand mit einem Sägemesser in die passende Form schneiden. Die Hälfte des warmen Puddings darauf verstreichen. Die Hälfte der warmen roten Grütze esslöffelweise darauf verteilen und vorsichtig glatt streichen.

05 Restlichen Zwieback ebenfalls passend schneiden und auf der roten Grütze verteilen. Restlichen warmen Pudding daraufstreichen. Restliche warme rote Grütze vorsichtig darauf verteilen und verstreichen. Dann den Partykuchen mit Frischhaltefolie oder einem großen Teller belegen und über Nacht in den Kühlschrank stellen.

06 Den Springformrand lösen und entfernen. Den Kuchen mit den restlichen Mandeln bestreuen und mit einem abgespülten Sägemesser in Würfel schneiden.

Pro Stück: E: 4 g, F: 8 g, Kh: 27 g, kJ: 831, kcal: 198, BE: 2,5

46

Dinkel-Nuss-Muffins

Gelingen ohne Mixer

Zubereitungszeit: 20 Minuten, ohne Abkühlzeit
Backzeit: etwa 25 Minuten
12 Stück

170 g Dinkelmehl (Type 630)
100 g gem. Haselnusskerne
3 gestr. TL Dr. Oetker Backin
1 Prise Salz
130 g Zucker
1 Pck. Dr. Oetker Vanillin-Zucker
200 ml Buttermilch
70 ml Speiseöl, z. B. Sonnenblumenöl
2 Eier (Größe M)

Außerdem:
200 g Nuss-Nougat-Creme

01 Den Backofen vorheizen.
Ober-/Unterhitze: etwa 180 °C
Heißluft: etwa 160 °C

02 Dinkelmehl, Haselnusskerne, Backpulver, Salz, Zucker und Vanillin-Zucker in eine Rührschüssel geben. Die Zutaten mit einem Schneebesen gut verrühren.

03 Buttermilch, Speiseöl und Eier in einem Rührbecher mit dem Schneebesen verrühren. Die flüssigen Zutaten zu der Nuss-Mehl-Mischung in die Rührschüssel geben und zu einem glatten Teig verrühren.

04 Den Teig in eine Muffinform (für 12 Muffins, gefettet, gemehlt) geben. Die Form auf dem Rost in den vorgeheizten Backofen schieben. Die Muffins **etwa 25 Minuten backen.**

05 Die Form auf einen Kuchenrost stellen. Die Muffins etwa 5 Minuten in der Form abkühlen lassen, dann vorsichtig aus der Form lösen und auf dem Kuchenrost erkalten lassen.

06 Zum Servieren mit einem Teelöffel je einen dicken Klecks Nuss-Nougat-Creme auf die Muffins geben.

Tipps: Dinkelmehl (Type 630) ist in den meisten Supermärkten erhältlich. Nach Belieben die einzelnen Muffinförmchen vor dem Einfüllen des Teiges mit Backpapier-Quadraten auslegen (siehe Foto).

Tipps zum Vorbereiten und Mitnehmen

* Die erkalteten Muffins können Sie einfrieren. Die Muffins dann in der Gefrierverpackung bei Zimmertemperatur auftauen lassen und anschließend die Nuss-Nougat-Creme darauf verteilen.

* Zum Mitnehmen die erkalteten Muffins und die Nuss-Nougat-Creme getrennt einpacken. Die Muffins erst vor dem Servieren verzieren.

Pro Stück: E: 5 g, F: 18 g, Kh: 33 g, kJ: 1325, kcal: 317, BE: 3,0

Tipps zum Vorbereiten und Mitnehmen

* Der Kuchen kann am Vortag gebacken werden. Den erkalteten Kuchen verpacken und kühl stellen.

* Zum Mitnehmen den Kuchen mit dem Blech einpacken.

Kokos-Johannisbeer-Kuchen

Einfach zuzubereiten – erfrischend

Zubereitungszeit: 20 Minuten, ohne Abkühlzeit
Backzeit: etwa 27 Minuten
20 Stücke

Für den Teig:
200 g Schlagsahne
200 g Zucker
1 Pck. Dr. Oetker Vanillin-Zucker
3 Eier (Größe M)
250 g Weizenmehl
1 Pck. Dr. Oetker Backin
1 Prise Salz

Für den Belag:
500 g rote Johannisbeeren
100 g Butter
100 g Zucker
1 Pck. Dr. Oetker Vanillin-Zucker
200 g Kokosraspel

01 Den Backofen vorheizen.
Ober-/Unterhitze: etwa 180 °C
Heißluft: etwa 160 °C

02 Für den Teig Sahne, Zucker, Vanillin-Zucker und Eier in eine Rührschüssel geben und mit einem Mixer (Rührstäbe) gut verrühren. Mehl mit Backpulver und Salz mischen, hinzugeben und alles zu einem glatten Teig verrühren.

03 Den Teig auf ein Backblech (30 x 40 cm, gefettet, mit Backpapier belegt) geben und glatt streichen. Das Backblech in den vorgeheizten Backofen schieben. Den Kuchenboden **etwa 12 Minuten vorbacken.**

04 Für den Belag Johannisbeeren abspülen, abtropfen lassen und entstielen. Butter in einem kleinen Topf zerlassen. Zucker und Vanillin-Zucker unterrühren. Den Topf von der Kochstelle nehmen. Die Kokosraspel unter die Buttermasse rühren.

05 Das Backblech auf einen Kuchenrost stellen. Die Johannisbeeren auf dem vorgebackenen Boden verteilen. Die Kokosmasse gleichmäßig daraufgeben. Das Backblech wieder in den heißen Backofen schieben. Den Kuchen bei gleicher Backofeneinstellung in **etwa 15 Minuten fertig backen.**

06 Das Backblech auf einen Kuchenrost stellen. Den Kokos-Johannisbeer-Kuchen erkalten lassen.

07 Zum Servieren den Kuchen in etwa 20 Stücke schneiden.

Pro Stück: E: 3 g, F: 15 g, Kh: 28 g, kJ: 1083, kcal: 259, BE: 2,5

Tipps zum Vorbereiten

* Sie können den Teig 3–4 Stunden vor dem Servieren zubereiten und in die Dessertringe füllen. Das Backblech mit den gefüllten Dessertringen dann zugedeckt bis zum Backen in den Kühlschrank stellen.

Himbeerküchlein

Achtung: innen flüssig

Zubereitungszeit: 20 Minuten, ohne Quell- und Abkühlzeit
Backzeit: 6–7 Minuten
12 Stück

420 g Zartbitter-Kuvertüre
330 g Butter
6 Eier (Größe M)
210 g Zucker
60 g Weizenmehl
60 g Speisestärke
30 g gefriergetrocknete Himbeeren
6 EL Schlagsahne

Zum Bestäuben:
1–2 EL Puderzucker

Außerdem:
1–2 EL Butter zum Ausstreichen
3 EL Mehl zum Ausstreuen

01 Die Kuvertüre in kleine Stücke hacken, mit der Butter in einem Topf im Wasserbad bei schwacher Hitze unter Rühren schmelzen. Die Masse lauwarm abkühlen lassen.

02 Ein Backblech mit Backpapier belegen. 12 Dessertringe (Ø 7 cm, 5 ½ cm hoch) mit Butter ausstreichen, mit Mehl ausstreuen, ausklopfen und mit etwas Abstand auf das Backblech stellen.

03 Die Eier mit einem Mixer (Rührstäbe) auf höchster Stufe in 1 Minute schaumig schlagen. Zucker einstreuen, dann noch etwa 3 Minuten schlagen, bis ein elastischer Schaum entstanden ist. Mehl mit Speisestärke mischen, auf die Eiercreme geben. Die getrockneten Himbeeren zerbröseln und hinzufügen, alles kurz auf niedrigster Stufe unterrühren.

04 Die Kuvertüre-Butter-Masse und die Sahne mit einem Teigschaber vorsichtig unterrühren, sodass ein glatter Teig entsteht. Den Teig in die Dessertringe füllen und etwa 10 Minuten bei Zimmertemperatur stehen lassen, sodass das Mehl ausquellen kann.

05 Inzwischen den Backofen vorheizen.
Ober-/Unterhitze: etwa 200 °C
Heißluft: etwa 180 °C

06 Das Backblech in den vorgeheizten Backofen schieben. Die Himbeerküchlein **6–7 Minuten backen.**

07 Die Dessertringe von den Küchlein sofort mit einem Messer lösen und entfernen. Die Himbeerküchlein sofort mit Puderzucker bestäuben und servieren.

Tipps: Garnieren Sie die Küchlein zusätzlich mit Himbeeren. Gefriergetrocknete Himbeeren können Sie z. B. im Internet bestellen.

Pro Stück: E: 7 g, F: 42 g, Kh: 46 g, kJ: 2456, kcal: 587, BE: 4,0

Tipps zum Vorbereiten

* Der Kuchen schmeckt noch besser, wenn er einen Tag zugedeckt durchziehen durfte.

Fress-mich-dumm-Kuchen

Beliebter Klassiker

Zubereitungszeit: 35 Minuten, ohne Abkühlzeit
Backzeit: 15–20 Minuten
20 Stücke

Für den Knetteig:
250 g Weizenmehl
1 gestr. TL Dr. Oetker Backin
100 g Zucker
1 Prise Salz
3 Tropfen Bittermandel-Aroma (aus dem Röhrchen)
1 Ei (Größe M)
150 g Butter oder Margarine

Für die Creme:
1 Pck. Dr. Oetker Pudding-Pulver Vanille-Geschmack
50 g Zucker
500 ml Milch (1,5 % Fett)
125 g Butter
25 g Kokosfett

Für den Belag:
80 g Butter
250 g gehackte Walnusskerne
100 g Zucker
50 g Zartbitter-Kuvertüre oder -Schokolade

01 Den Backofen vorheizen.
Ober-/Unterhitze: etwa 200 °C
Heißluft: etwa 180 °C

02 Für den Teig Mehl mit Backpulver in einer Rührschüssel mischen. Zucker, Salz, Aroma, Ei und Butter oder Margarine hinzufügen. Die Zutaten mit einem Mixer (Knethaken) zunächst kurz auf niedrigster, dann auf höchster Stufe gut durcharbeiten.

03 Anschließend den Teig auf der leicht bemehlten Arbeitsfläche kurz zu einer Rolle verkneten. Den Teig auf einem Backblech (gefettet) etwa ½ cm dick zu einer Platte (etwa 30 x 30 cm) ausrollen und mehrmals mit einer Gabel einstechen.

04 Das Backblech in den vorgeheizten Backofen schieben. Den Kuchenboden **15–20 Minuten backen.**

05 Den Kuchenboden anschließend auf dem Backblech auf einem Kuchenrost erkalten lassen.

06 Für die Creme inzwischen aus Pudding-Pulver, Zucker und Milch nach Packungsanleitung, aber mit den hier angegebenen Zutatenmengen, einen Pudding zubereiten. Butter mit Kokosfett hinzugeben und unter Rühren in dem heißen Pudding schmelzen. Die Creme gleichmäßig auf dem erkalteten Boden verstreichen.

07 Für den Belag Butter in einer Pfanne zerlassen. Walnusskerne und Zucker darin rösten. Die Mischung noch warm auf der Creme verteilen.

08 Kuvertüre oder Schokolade in kleine Stücke hacken, in einem kleinen Topf im Wasserbad bei schwacher Hitze unter Rühren schmelzen und mit einem kleinen Löffel über den Kuchen sprenkeln. Den Kuchen in 20 kleine Schnittchen schneiden.

Pro Stück: E: 5 g, F: 27 g, Kh: 27 g, kJ: 1545, kcal: 369, BE: 2,0

Tipps zum Vorbereiten

* Die Torte kann am Vortag der Party bis einschließlich Punkt 6 zubereitet werden und zugedeckt im Kühlschrank bis zum Servieren warten.

Himbeer-Tiramisu-Torte

Mit Alkohol

Zubereitungszeit: 40 Minuten, ohne Auftau- und Abkühlzeit
Kühlzeit: etwa 3 Stunden
12–14 Stücke

Zum Vorbereiten:
300 g TK-Himbeeren

Zum Bestreichen:
1 gestr. TL Instant-Espresso-Pulver
1 EL heißes Wasser
2 EL Mandellikör (etwa 30 ml)

Für den Boden:
100 g Löffelbiskuits

Für die Füllung:
5 Blatt weiße Gelatine
500 g Magerquark
250 g Mascarpone (ital. Frischkäse)
100 g Zucker
1 Pck. Dr. Oetker Bourbon-Vanille-Zucker
200 g Schlagsahne (mind. 30 % Fett)

Für den Belag:
2 Pck. Sahnesteif
1 Pck. Dr. Oetker Vanillin-Zucker
100 g Löffelbiskuits

Zum Bestäuben:
1 TL Kakaopulver

01 Zum Vorbereiten Himbeeren nach Packungsanleitung auftauen lassen.

02 Zum Bestreichen Espresso-Pulver in heißem Wasser auflösen, Mandellikör unterrühren und erkalten lassen.

03 Für den Boden die Löffelbiskuits in grobe Stücke schneiden. Einen Springformrand oder Tortenring (Ø 24 cm) auf eine mit Tortenspitze oder Backpapier belegte Tortenplatte stellen. Die Löffelbiskuitstücke darin gleichmäßig verteilen, sodass ein Boden entsteht.

04 Für die Füllung die Gelatine in kaltem Wasser nach Packungsanleitung einweichen. Quark mit Mascarpone, Zucker und Vanille-Zucker verrühren. Eingeweichte Gelatine leicht ausdrücken und in einem kleinen Topf unter Rühren bei schwacher Hitze auflösen.

05 Zwei bis drei Esslöffel von der Quarkmasse unter die Gelatine rühren, dann mit der restlichen Quarkmasse verrühren. Die Sahne steif schlagen und unterheben. Knapp die Hälfte der Quark-Sahne-Creme vorsichtig esslöffelweise auf dem Löffelbiskuitboden verteilen.

06 Für den Belag Sahnesteif mit Vanillin-Zucker mischen und vorsichtig unter die aufgetauten Himbeeren rühren. Zuerst die Löffelbiskuits auf der Quark-Sahne-Creme verteilen und mit der Espresso-Likör-Mischung beträufeln. Dann die Himbeeren darauf verteilen. Restliche Quark-Sahne-Creme daraufgeben und wellenartig verstreichen. Die Torte etwa 3 Stunden in den Kühlschrank stellen.

07 Den Springformrand oder Tortenring lösen und entfernen. Zum Servieren die Tortenoberfläche mit Kakao bestäuben und in Stücke schneiden.

Pro Stück: E: 9 g, F: 14 g, Kh: 26 g, kJ: 1135, kcal: 271, BE: 2,0

Tipps zum Vorbereiten und Mitnehmen

* Die Streuselecken bereits am Vortag backen, erkalten lassen und in luftdicht schließende Dosen geben. So können Sie auch wunderbar auf eine Feier mitgenommen werden.

Streuselecken

Verblüffend einfach

Zubereitungszeit: 25 Minuten, ohne Abkühlzeit
Backzeit: etwa 30 Minuten
24 Stücke

Für den Teig:
250 g Weizenmehl
2 Pck. Dr. Oetker Vanillin-Zucker
1 Prise Salz
175 g kalte Butter
150 g Crème fraîche

Für die Streusel:
300 g Weizenmehl
100 g Puderzucker
1 Pck. Dr. Oetker Vanillin-Zucker
175 g kalte Butter

Zum Bestreichen:
2 EL Milch (3,5 % Fett)

Zum Bestäuben:
1–2 TL Puderzucker

01 Für den Teig Mehl mit Vanillin-Zucker und Salz in einer Rührschüssel mischen. Butter in Stücke schneiden und daraufgeben.

02 Von der Crème fraîche 1 Esslöffel zum Bestreichen abnehmen. Die restliche Crème hinzufügen und die Zutaten mit einem Mixer (Knethaken) zunächst kurz auf niedrigster, dann auf höchster Stufe gut durcharbeiten.

03 Anschließend auf der leicht bemehlten Arbeitsfläche kurz zu einem Teig verkneten. Sollte er kleben, ihn in Frischhaltefolie gewickelt eine Zeit lang in den Kühlschrank legen.

04 Den Backofen vorheizen.
Ober-/Unterhitze: etwa 200 °C
Heißluft: etwa 180 °C

05 Für die Streusel Mehl mit Puderzucker und Vanillin-Zucker mischen. Butter in Flöckchen dazugeben. Die Zutaten mit einem Mixer (Rührstäbe) zunächst kurz auf niedrigster, dann auf höchster Stufe zu Streuseln von gewünschter Größe verarbeiten.

06 Den Teig auf einem Backblech (etwa 30 x 40 cm, gefettet) ausrollen. Abgenommene Crème fraîche mit Milch verrühren, den Teig damit bestreichen und mehrmals mit einer Gabel einstechen. Die Streusel darauf verteilen.

07 Das Backblech in den vorgeheizten Backofen schieben. Den Kuchen **etwa 30 Minuten backen.**

08 Das Backblech auf einen Kuchenrost stellen und den Kuchen sofort nach dem Backen in 12 etwa 10 x 10 cm große Quadrate schneiden, diese diagonal halbieren und mit Puderzucker bestäuben. Die Streuselecken erkalten lassen.

Tipp: Den Teigboden anstatt mit Crème fraîche mit 2–3 Esslöffeln erwärmter Konfitüre bestreichen.

Pro Stück: E: 3 g, F: 14 g, Kh: 22 g, kJ: 977, kcal: 234, BE: 2,0

Tipps zum Vorbereiten und Mitnehmen

* Kuchen im Glas sind perfekt zum Vorbereiten und Mitnehmen. Zum Transportieren die Gläser z. B. in einen großen, stabilen Karton stellen, dabei die Gläser mit Küchenpapier oder Geschirrtüchern voneinander trennen, damit nichts klappert oder gar kaputt gehen kann.

Schokoküchlein mit Karamellkern

Kuchen zum Löffeln

Zubereitungszeit: 35 Minuten, ohne Abkühlzeit
Backzeit: etwa 20 Minuten
Haltbarkeit: kühl und dunkel gestellt etwa 1 Monat
12 Gläser

Für die Füllung:
170 g gezuckerte Kondensmilch
50 g Schlagsahne

Für den Rührteig:
125 g Butter oder Margarine (zimmerwarm)
100 g Zucker
1 Prise Salz
1 Ei (Größe M)
1 Eiweiß (Größe M)
140 g Weizenmehl
20 g gesiebtes Kakaopulver
1 gestr. TL Dr. Oetker Backin
50 ml Milch (3,5 % Fett)
50 g Zartbitter-Raspelschokolade

1 Eigelb (Größe M)

Außerdem:
12 Sturz-Form-Gläser mit Deckeln (je 160 ml Inhalt)
12 Gummiringe
48 Klammern

01 Für die Füllung Kondensmilch und Sahne in einem kleinen Topf verrühren, zum Kochen bringen und etwa 4 Minuten bei mittlerer Hitze unter Rühren einkochen, bis die Masse dicklich wird. Die Masse in einer Schüssel erkalten lassen.

02 Den Backofen vorheizen.
Ober-/Unterhitze: etwa 180 °C
Heißluft: etwa 160 °C

03 Für den Teig Butter oder Margarine mit einem Mixer (Rührstäbe) auf höchster Stufe geschmeidig rühren. Nach und nach Zucker und Salz unterrühren. So lange rühren, bis eine gebundene Masse entstanden ist. Zunächst das Ei etwa ½ Minute, dann das Eiweiß kurz unterrühren.

04 Mehl mit Kakao und Backpulver mischen, mit der Milch kurz auf mittlerer Stufe unterrühren. Raspelschokolade unterheben.

05 Das Eigelb unter die eingekochte Kondensmilch rühren.

06 Den Teig in den Sturz-Form-Gläsern (bis etwa 2 cm unter den Rand gefettet und gemehlt) verteilen, sodass die Gläser bis maximal zu zwei Dritteln gefüllt sind. Mit einem Teelöffel in die Mitte eine kraterförmige Vertiefung drücken. Die Milchmasse mit einem Teelöffel in die Vertiefungen geben. Die Glasränder säubern.

07 Einen Kuchenrost im unteren Drittel in den vorgeheizten Backofen schieben. Die Gläser auf den Rost stellen. Die Kuchen **etwa 20 Minuten backen.**

08 In der Zwischenzeit die Gummiringe in einer Schüssel mit kaltem Wasser einweichen.

09 Nach dem Backen ein Glas mit Topflappen aus dem Backofen nehmen und verschließen. Dazu einen vorbereiteten, feuchten Gummiring auf die Innenseite eines Glasdeckels legen. Das Glas sofort mit Deckel und 4 Klammern verschließen. Restliche Gläser auf die gleiche Weise verschließen. Nach jedem Glas, das aus dem Backofen genommen wird, den Backofen wieder schließen.

10 Die Gläser auf einem Kuchenrost vollständig erkalten lassen (am besten über Nacht), dann die Klammern lösen und die Gläser kühl aufbewahren.

Tipps: Die Kuchen schmecken auch lauwarm als Dessert sehr gut. Dazu passt z. B. eine Kugel Schokoladeneis. Anstelle der Sturz-Form-Gläser können Sie auch 12 ofenfeste, hohe Teegläser verwenden.

Pro Glas: E: 5 g, F: 16 g, Kh: 31 g, kJ: 1225, kcal: 292, BE: 2,5

Tipps zum Vorbereiten

* Die Gugelhupfe schmecken frisch besonders gut. Aber Sie können die Mini-Gugelhupfe einen Tag vor der Party backen. Die erkalteten Hupfe gut verpacken und kühl stellen, dann erst kurz vor dem Servieren garnieren.

Marzipan-Mini-Gugelhupfe

Fruchtig mit Johannisbeeren

Zubereitungszeit: 20 Minuten, ohne Abkühlzeit
Backzeit: 12–15 Minuten
15 Stück

Für den Teig:
100 g Weizenmehl
½ TL Dr. Oetker Backin
50 g feiner Zucker
1 Pck. Dr. Oetker Vanillin-Zucker
50 g Marzipanrohmasse
60 g Butter (zimmerwarm)
2 Eier (Größe M)
1 Pck. Dr. Oetker Finesse Orangenschalen-Aroma

125 g rote Johannisbeeren
20 g Zucker
30 g Puderzucker

Außerdem:
1 Silikon-Mini-Gugelhupf-Form (für 15 Mini-Gugelhupfe, Ø je 4 cm)
1 EL zerlassene Butter zum Ausstreichen der Form
1 EL Weizenmehl zum Bestreuen

01 Die Mulden der Mini-Gugelhupf-Form mit der zerlassenen Butter ausstreichen, mit dem Mehl ausstreuen. Form auf einen Kuchenrost stellen.

02 Den Backofen vorheizen.
Ober-/Unterhitze: etwa 180 °C
Heißluft: etwa 160 °

03 Für den Teig Mehl mit Backpulver in einer Rührschüssel vermischen. Zucker und Vanillin-Zucker untermischen. Die Marzipanrohmasse in kleine Stücke schneiden oder grob raspeln und hinzufügen. Restliche Zutaten hinzufügen und mit einem Mixer (Rührstäbe) zunächst kurz auf niedrigster, dann auf höchster Stufe in etwa 2 Minuten zu einem glatten Teig verarbeiten.

04 Den Teig in einen Spritzbeutel mit Lochtülle (Ø 8 mm) füllen. Den Teig gleichmäßig in die Gugelhupf-Mulden spritzen.

05 Die Form auf dem Rost in den vorgeheizten Backofen schieben. Die Gugelhupfe **12–15 Minuten backen.**

06 Die Form auf einen Kuchenrost stellen. Die Gugelhupfe erkalten lassen und dann aus der Form lösen

07 Die Johannisbeeren abspülen, trocken tupfen und von den Rispen streifen, mit Zucker bestreuen. Die Mini-Gugelhupfe mit Puderzucker bestäuben und mit den Johannisbeeren garniert servieren.

Pro Stück: E: 2 g, F: 6 g, Kh: 15 g, kJ: 529, kcal: 126, BE: 1,0

Apfel-Brownies

Schoko-fruchtig

Zubereitungszeit: 35 Minuten, ohne Abkühlzeit
Kühl-/Trockenzeit: etwa 30 Minuten
Backzeit: etwa 25 Minuten
30 Stücke

Tipps zum Vorbereiten

* Die Apfel-Brownies können 2 Tage vor der Party zubereitet werden. Die Apfel-Brownies zugedeckt kühl stellen, etwa 30 Minuten vor dem Servieren nochmal in den Kühlschank stellen, dann in Stücke schneiden und mit den Schokospänen bestreuen.

Zum Vorbereiten:
2 Äpfel (etwa 320 g)
200 ml Apfelsaft oder Cidre

Für den Teig:
300 g Zartbitter-Schokolade (etwa 50 % Kakaoanteil)
300 g Butter oder Margarine
220 g Zucker
1 Prise Salz
4 Eier (Größe M)
100 g Weizenmehl
25 g gesiebtes Kakaopulver
2 gestr. TL Dr. Oetker Backin
100 g gehackte Walnusskerne

Für den Guss und zum Garnieren:
250 Zartbitter-Schokolade (mind. 50 % Kakaoanteil)
180 ml Milch (1,5 % Fett)

01 Zum Vorbereiten die Äpfel schälen, achteln und entkernen. Die Apfelspalten in etwa 2 cm dicke Stücke schneiden. Apfelstücke mit Apfelsaft oder Cidre in einem kleinen Topf zugedeckt 4–5 Minuten kochen lassen. Anschließend den Topf von der Kochstelle nehmen. Die Apfelmasse abkühlen lassen.

02 Den Backofen vorheizen.
Ober-/Unterhitze: etwa 200 °C
Heißluft: etwa 180 °C

03 Für den Teig Schokolade in grobe Stücke brechen. Die Äpfel in ein Sieb geben, den Saft dabei auffangen und beiseitestellen. Butter oder Margarine in einem Topf zerlassen, dann von der Kochstelle nehmen. Die Schokoladenstücke unter Rühren darin schmelzen, etwas abkühlen lassen.

04 Zucker mit Salz und Eiern in einer Rührschüssel mit dem Mixer (Rührstäbe) auf höchster Stufe 3 Minuten schlagen. Flüssige Schokoladen-Fett-Mischung kurz unterrühren.

05 Mehl mit Kakao, Backpulver und Nusskernen gut vermischen. Die Mehl-Nuss-Mischung mit einem Schneebesen unter die Schokoladen-Ei-Masse heben. Zuletzt die Apfelstücke vorsichtig unterheben.

06 Einen Backrahmen (etwa 32 x 26 cm) auf ein Backblech (gefettet, mit Backpapier belegt) stellen. Den Teig einfüllen und glatt streichen. Das Backblech in den vorgeheizten Backofen schieben. Den Kuchen **etwa 25 Minuten backen.**

07 Das Backblech auf einen Kuchenrost stellen. Den Apfel-Brownie-Kuchen sofort mit 50 ml von dem beiseitegestellten Saft bestreichen und erkalten lassen.

08 Für den Guss und zum Garnieren von der Schokolade mit einem Sparschäler 2–3 Esslöffel Schokospänen abschaben und beiseitestellen. Die restliche Schokolade grob hacken.

09 Milch in einem Topf erhitzen. Den Topf von der Kochstelle nehmen und die gehackte Schokolade unter Rühren darin schmelzen. Den Guss auf den Brownie-Kuchen geben, gleichmäßig verstreichen. Den Guss etwa 30 Minuten im Kühlschrank trocknen lassen.

10 Backrahmen vorsichtig lösen und entfernen. Apfel-Brownie-Kuchen vorsichtig in etwa 30 Stücke schneiden, mit den Schokospänen bestreuen.

Tipp: Bestreuen Sie die Apfel-Brownies mit weißen Schokoladenspänen.

Pro Stück: E: 4 g, F: 19 g, Kh: 19 g, kJ: 1098, kcal: 263, BE: 1,5

Tipps zum Vorbereiten

* Die Muffins können einen Tag vor der Party gebacken werden. Die erkalteten Muffins gut verpacken und kühl stellen.

* Die Muffins dann vor dem Servieren im vorgeheizten Backofen bei Ober-/Unterhitze: etwa 150 °C etwa 3 Minuten erwärmen.

Muffins mit Zitronencreme

Durch und durch zitronig

Zubereitungszeit: 30 Minuten, ohne Abkühlzeit
Gefrierzeit: mindestens 3 Stunden
Backzeit: etwa 22 Minuten
12 Stück

Zum Vorbereiten für die Zitronencreme:

2 Bio-Zitronen (unbehandelt, ungewachst)
50 Zucker
1 TL Speisestärke
60 g Butter (zimmerwarm)

Für den Teig:

2 Bio-Zitronen (unbehandelt, ungewachst)
200 g Weizenmehl
20 g Speisestärke
½ Pck. Dr. Oetker Backin
1 TL Dr. Oetker Natron
160 g Zucker
3 Eier (Größe M)
80 g Schlagsahne
80 g Butter (zimmerwarm)

40 g Puderzucker zum Bestäuben

01 Zum Vorbereiten für die Zitronencreme die Zitronen heiß abwaschen, abtrocknen und die Schale fein abreiben. Die Zitronen halbieren, auspressen und 100 ml Saft abmessen. Zitronenschale und abgemessenen Zitronensaft in einen Topf geben.

02 Zucker mit Speisestärke vermischen und unterrühren. Das Ganze unter Rühren zum Kochen bringen und kurz aufkochen lassen. Die Butter unterrühren und den Topf von der Kochstelle nehmen. Die Zitronenmasse erkalten lassen und in einem Eiswürfelbehälter (12 Mulden, etwa 200 ml) verteilen. Die Zitronenmasse zugedeckt mindestens 3 Stunden gefrieren lassen.

03 Den Backofen vorheizen.
Ober-/Unterhitze: etwa 180 °C
Heißluft: etwa 160 °C

04 Für den Teig die Zitronen heiß abwaschen und abtrocknen. Die Schale fein abreiben. Zitronen halbieren, auspressen und 100 ml Saft abmessen.

05 Mehl mit Speisestärke, Backpulver und Natron in einer Rührschüssel vermischen. Zucker und Zitronenschale untermischen. Eier, Sahne, Butter und abgemessenen Zitronensaft hinzugeben und mit einem Mixer (Rührstäbe) zunächst kurz auf niedrigster, dann auf höchster Stufe in etwa 2 Minuten zu einem glatten Teig verarbeiten.

06 Jeweils etwa einen halben Esslöffel vom Teig in die Mulden einer Muffinform (für 12 Muffins, gefettet, gemehlt) geben. Die Form auf dem Rost in den vorgeheizten Backofen schieben. Den Muffinteig **etwa 8 Minuten vorbacken.**

07 Dann die Zitronencreme-Eiswürfel aus der Form lösen und je einen Würfel auf den vorgebackenen Muffinteig legen. Den restlichen Teig darauf verteilen. Die Form wieder auf dem Rost in den Backofen schieben. Die Muffins bei gleicher Backofeneinstellung in weiteren **etwa 14 Minuten goldbraun backen.**

08 Das Muffinblech auf einen Kuchenrost stellen und die Muffins etwa 5 Minuten abkühlen lassen. Die Muffins aus der Form lösen, auf dem Kuchenrost etwas abkühlen lassen und mit Puderzucker bestäubt servieren.

Tipp: Zum Servieren die Muffins in Papier-Muffinförmchen anrichten.

Pro Stück: E: 4 g, F: 14 g, Kh: 37 g, kJ: 1220, kcal: 292, BE: 3,0

Tipps zum Vorbereiten

* Die Torte kann am Vortag der Party zubereitet werden und im Kühlschrank auf das Servieren warten.

Beerentorte

Mit Rotwein

Zubereitungszeit: 35 Minuten, ohne Quellzeit
Kühlzeit: etwa 3 Stunden
12 Stücke

Für den Boden:
150 g Löffelbiskuits
120 g Butter

Für die Füllung:
1 Pck. gemahlene Gelatine, weiß
4 EL kaltes Wasser
500 g Magerquark
6 EL Zucker
1 Pck. Dr. Oetker Vanillin-Zucker
Saft von 2 Zitronen
250 ml Rotwein
250 g Schlagsahne (mind. 30 % Fett)

Für den Belag:
250 g vorbereitete schwarze Johannisbeeren
50 g vorbereitete rote Johannisbeeren
100 g Himbeeren

Für den Guss:
1 Pck. Tortenguss, klar
250 ml Wasser
2 EL Zucker

01 Für den Boden Löffelbiskuits in einen Gefrierbeutel geben und den Beutel verschließen. Löffelbiskuits mit einer Teigrolle fein zerbröseln. Butter zerlassen, zu den Biskuitbröseln geben und gut verrühren.

02 Einen Springformrand (Ø 26 cm) auf eine mit Tortenspitze oder Backpapier belegte Tortenplatte stellen. Die Bröselmasse darin gleichmäßig verteilen und mit einem Löffel gut zu einem Boden andrücken. Tortenboden in den Kühlschrank stellen.

03 Für die Füllung die Gelatine mit kaltem Wasser in einem kleinen Topf anrühren, etwa 10 Minuten quellen lassen.

04 Quark mit Zucker, Vanillin-Zucker, Zitronensaft und Wein verrühren. Die Gelatine unter Rühren erwärmen, bis sie völlig gelöst ist. Gelatine zuerst mit etwa 4 Esslöffeln der Quarkmasse verrühren, dann unter die restliche Quarkmasse rühren. Die Masse in den Kühlschrank stellen.

05 Sahne steif schlagen. Wenn die Masse anfängt zu gelieren, die Sahne unterheben. Die Quark-Sahne-Creme auf den Bröselboden geben und glatt streichen. Die Torte etwa 2 Stunden in den Kühlschrank stellen.

06 Für den Belag Johannisbeeren abspülen und abtropfen lassen. Himbeeren verlesen. Johannisbeeren und Himbeeren auf der Quark-Sahne-Creme verteilen.

07 Für den Guss aus Tortengusspulver, Wasser und Zucker einen Guss nach Packungsanleitung zubereiten. Den Guss auf den Johannisbeeren und Himbeeren verteilen. Die Torte etwa 1 Stunde in den Kühlschrank stellen.

08 Zum Servieren den Springformrand lösen und entfernen. Die Torte in Stücke schneiden.

Tipps: Für eine alkoholfreie Torte den Rotwein in der Füllung durch Traubensaft ersetzen. Dann können Sie den Zucker weglassen, da der Traubensaft genug eigene Süße mitbringt.

Pro Stück: E: 9 g, F: 16 g, Kh: 25 g, kJ: 1248, kcal: 298, BE: 2,0

Tipps zum Vorbereiten und Mitnehmen

* Kuchen im Glas sind perfekt zum Vorbereiten und zum Mitnehmen. Zum Transportieren die Gläser z. B. in einen großen, stabilen Karton stellen, dabei die Gläser mit Küchenpapier oder Geschirrtüchern voneinander trennen, damit nichts klappert oder gar kaputt gehen kann.

Brownie-Kuchen im Glas

Perfekt vorzubereiten

Zubereitungszeit: 30 Minuten, ohne Abkühlzeit
Backzeit: etwa 25 Minuten
Haltbarkeit: kühl gestellt etwa 2 Monate
12 Gläser

Für den Teig:

300 g Zartbitter-Schokolade (etwa 60 % Kakaoanteil)
200 g Butter
120 g Zucker
2 Pck. Dr. Oetker Bourbon-Vanille-Zucker
4 Eier (Größe M)
160 g Weizenmehl
1 TL Dr. Oetker Backin
80 g grob gehackte Walnusskerne
80 g grob gehackte Cashewkerne
80 g grob gehackte, weiße Schokolade

Außerdem:

12 Sturz-Form-Gläser mit Deckeln (je 160 ml Inhalt)
12 Gummiringe
48 Klammern

01 Für den Teig die Schokolade in Stücke brechen. Die Schokoladenstücke mit der Butter in einem kleinen Topf bei schwacher Hitze unter Rühren schmelzen. Die Masse in eine Rührschüssel geben und erkalten lassen.

02 Den Backofen vorheizen.
Ober-/Unterhitze: etwa 180 °C
Heißluft: etwa 160 °C

03 Zucker, Vanille-Zucker und Eier zur Schokoladenmasse in die Rührschüssel geben und mit einem Rührlöffel unterrühren. Mehl mit Backpulver mischen, in 2 Portionen unter die Schokoladenmasse rühren. Nusskerne und gehackte Schokolade unterheben.

04 Den Teig mit einem Teelöffel in den Sturz-Form-Gläsern (bis etwa 2 cm unter den Rand gefettet und gemehlt) verteilen, sodass die Gläser bis maximal zu zwei Dritteln gefüllt sind. Die Glasränder säubern. Einen Rost im unteren Drittel in den vorgeheizten Backofen schieben. Die Gläser auf den Rost stellen. Die Kuchen **etwa 25 Minuten backen.**

05 In der Zwischenzeit die Gummiringe in einer Schüssel mit kaltem Wasser einweichen.

06 Nach dem Backen ein Glas mit Topflappen aus dem Backofen nehmen und verschließen. Dazu einen vorbereiteten, feuchten Gummiring auf die Innenseite eines Glasdeckels legen. Das Glas sofort mit dem Deckel und 4 Klammern verschließen.

07 Die restlichen Gläser auf die gleiche Weise verschließen. Nach jedem Glas, das aus dem Backofen genommen wird, den Backofen wieder schließen.

08 Die Gläser auf einem Kuchenrost vollständig erkalten lassen (am besten über Nacht), dann die Klammern lösen und die Gläser kühl aufbewahren.

Tipps: Sie können die kleinen Kuchen im Glas servieren, oder nach dem Öffnen der Gläser aus diesen stürzen. Dazu die Kuchen vorher mit einem spitzen Messer von den Glasrändern lösen.

Pro Glas: E: 9 g, F: 38 g, Kh: 37 g, kJ: 2188, kcal: 523, BE: 3,0

Tipps zum Vorbereiten

* Sie können die Torte so zubereiten, dass sie 5–6 Stunden vor der Party im Kühlschrank stehen kann.

Mirabellen-Kaiserschmarrn-Torte

Ohne zu backen

Zubereitungszeit: 25 Minuten, ohne Abkühlzeit
Kühlzeit: etwa 2 ½ Stunden
14 Stücke

Für den Boden:
1 Pck. Kaiserschmarrn nach klassischer Art (Süße Mahlzeit)
200 ml Milch (1,5 % Fett)
1 Ei (Größe M)
2 Eiweiß (Größe M)
1 TL Butterschmalz
100 g Vollmilch-Schokolade (etwa 30 % Kakaoanteil)

Für den Belag:
200 g Mirabellen
1 EL Zucker
150 ml Apfelsaft
1 EL Apfel- oder Quittengelee

Für die Füllung:
7 Blatt weiße Gelatine
250 g Schlagsahne (mind. 30 % Fett)
3 Maracujas
500 g Sahne-Pudding Vanille-Geschmack (aus dem Kühlregal)

01 Für den Boden den Kaiserschmarrn mit der Milch und dem Ei nach Packungsanleitung zubereiten. Eiweiß mit einem Mixer (Rührstäbe) so steif schlagen, dass ein Messerschnitt sichtbar bleibt. Den Eischnee unter den Teig heben.

02 Butterschmalz in einer Pfanne zerlassen. Aus dem Teig in dem heißen Butterschmalz nach Packungsanleitung einen Kaiserschmarrn zubereiten (die Stücke sollten etwa 2 x 2 cm groß sein).

03 Schokolade in kleine Stücke brechen. Zwei Drittel davon in einem Topf im Wasserbad bei schwacher Hitze unter Rühren schmelzen. Topf aus dem Wasserbad nehmen und die restliche Schokolade darin unter Rühren schmelzen.

04 Kaiserschmarrn auf dem Boden einer Springform (Ø 26 cm, Boden gefettet, mit Backpapier belegt) gleichmäßig verteilen und mit einem Löffel etwas andrücken.

05 Den Kaiserschmarrn mit der flüssigen Schokolade beträufeln. Die Form zugedeckt etwa 30 Minuten in den Kühlschrank stellen.

06 Für den Belag in der Zwischenzeit Mirabellen abwaschen, halbieren und entkernen. Zucker in einem Edelstahltopf schmelzen, mit Apfelsaft ablöschen und kurz aufkochen lassen.

07 Die Mirabellen hinzufügen und zugedeckt 3–5 Minuten bei schwacher Hitze dünsten. Gelee unterrühren und die Masse abkühlen lassen.

08 Für die Füllung die Gelatine nach Packungsanleitung einweichen. Sahne steif schlagen. Die Maracujas halbieren, das Fruchtfleisch mit einem Teelöffel herausschaben und unter den Pudding rühren.

09 Die Gelatine leicht ausdrücken und in einem kleinen Topf bei schwacher Hitze unter Rühren auflösen. Die aufgelöste Gelatine zuerst mit etwa 4 Esslöffeln der Sahne-Pudding-Masse verrühren, dann unter die restliche Sahne-Pudding-Masse rühren. Zuletzt die steif geschlagene Sahne unterheben.

10 Die Puddingcreme auf den vorbereiteten Boden geben und wellenförmig verstreichen. Die Mirabellen darauf verteilen. Die Mirabellen-Kaiserschmarrn-Torte zugedeckt etwa 2 Stunden in den Kühlschrank stellen.

Tipps: Wenn Sie keine frischen Mirabellen bekommen, können Sie auch abgetropfte Mirabellen (aus dem Glas) verwenden. Diese kalt mit dem Gelee verrühren.

Pro Stück: E: 6 g, F: 13 g, Kh: 26 g, kJ: 1016, kcal: 242, BE: 2,0

Tipps zum Vorbereiten

* Der Kuchen ist schnell gemacht, kann aber auch bereits am Vortag gebacken werden. Den Kuchen dann zugedeckt kühl stellen.

Blondies mit Johannisbeeren

Blitzschnell gemacht

Zubereitungszeit: 25 Minuten, ohne Abkühlzeit
Backzeit: etwa 20 Minuten
20 Stücke

Zum Vorbereiten:
250 g rote Johannisbeeren
50 g weiße Schokolade

Für den All-in-Teig:
200 g Butter
200 g weiße Schokolade
300 g Weizenmehl
3 gestr. TL Dr. Oetker Backin
150 g Zucker
3 Eier (Größe M)
150 g saure Sahne

01 Zum Vorbereiten die Johannisbeeren abspülen, gut abtropfen lassen und entstielen. Schokolade in kleine Stücke hacken und beiseitestellen.

02 Für den Teig die Butter in einem kleinen Topf bei schwacher Hitze zerlassen. Den Topf von der Kochstelle nehmen. Weiße Schokolade in Stücke brechen und unter Rühren in der Butter schmelzen. Die Schokoladen-Butter-Masse abkühlen lassen.

03 Den Backofen vorheizen.
Ober-/Unterhitze: etwa 200 °C
Heißluft: etwa 180 °C

04 Das Mehl mit Backpulver in einer Rührschüssel mischen. Zucker, Eier und saure Sahne hinzufügen. Die Schokoladen-Butter-Masse glatt rühren und ebenfalls hinzugeben. Die Zutaten mit einem Mixer (Rührstäbe) zunächst kurz auf niedrigster, dann auf höchster Stufe in etwa 2 Minuten zu einem glatten Teig verarbeiten.

05 Den Teig auf ein Backblech (etwa 30 x 40 cm, gefettet) geben und glatt streichen. Die Johannisbeeren darauf verteilen. Das Backblech in den vorgeheizten Backofen schieben. Den Kuchen **etwa 20 Minuten backen.**

06 Das Backblech auf einen Kuchenrost stellen. Die beiseitegestellte Schokolade auf den heißen Kuchen streuen. Den Kuchen erkalten lassen.

Pro Stück: E: 4 g, F: 14 g, Kh: 27 g, kJ: 1064, kcal: 254, BE: 2,5

Kekschnitten mit Mango

Gelingt ohne Backofen

Zubereitungszeit: 30 Minuten, ohne Abkühlzeit
Kühlzeit: mindestens 4 Stunden
16–18 Stücke

Tipps zum Vorbereiten

* Diese fruchtigen Schnitten sind optimal vorzubereiten und zum Mitnehmen geeignet. Den Kuchen in der Kastenform bis einschließlich Punkt 5 am Vortag zubereiten und in den Kühlschrank stellen.

* Etwa 1 Stunde vor dem Servieren den Kuchen aus dem Kühlschrank nehmen und wie beschrieben mit der Schokolade besprenkeln.

Für die Mango-Cookie-Masse:
100 g getrocknete, ungesüßte Mangostücke (erhältlich im Reformhaus oder Bio-Laden)
150 ml Wasser
150 g weiße Schokolade
100 g Butter (zimmerwarm)
50 g Puderzucker
350 g Cookies mit Schokostückchen (Kekse mit Schokoladenstückchen)

Zum Garnieren:
50 g Vollmilch-Schokolade

01 Für die Mango-Cookie-Masse die Mangostücke mit einer Küchenschere in Streifen schneiden. Mangostreifen mit dem Wasser in einem kleinen Topf zum Kochen bringen und zugedeckt etwa 10 Minuten bei schwacher Hitze dünsten. Den Topf von der Kochstelle nehmen. Mangomasse in einem Blitzhacker zu einer Paste verarbeiten. Die Mangopaste abkühlen lassen.

02 Die Schokolade in Stücke brechen. Zwei Drittel davon in einem Topf im Wasserbad bei schwacher Hitze unter Rühren schmelzen. Den Topf aus dem Wasserbad nehmen und die restliche Schokolade darin unter Rühren schmelzen. Den Topf aus dem Wasserbad nehmen. Schokolade etwas abkühlen lassen.

03 Butter und Puderzucker in eine Rührschüssel geben und leicht mit einem Mixer (Rührstäbe) aufschlagen. Mangopaste und Schokolade nach und nach unterrühren.

04 Eine Kastenform (25 x 11 cm, mit Backpapier ausgelegt) mit Cookies auslegen, dabei die runde Seite nach unten legen und evtl. einige Cookies mit einem Sägemesser passend schneiden. Die restlichen Cookies in kleine Stücke brechen und unter die Mangopaste heben.

05 Die Mango-Cookie-Masse in die Form füllen und glatt streichen. Die Form zugedeckt mindestens 4 Stunden in den Kühlschrank stellen.

06 Zum Garnieren die Schokolade in Stücke brechen, wie unter Punkt 2 beschrieben im heißen Wasserbad schmelzen und etwas abkühlen lassen.

07 Den Kuchen aus der Form auf eine Platte stürzen. Das Backpapier entfernen. Die Schokolade in einen Gefrierbeutel füllen und eine kleine Ecke abschneiden. Den Kuchen mit der Schokolade besprenkeln. Die Schokolade fest werden lassen.

Tipps: Getrocknete Mangostücke gibt es in unterschiedlichen Arten. Die hier verwendeten Stücke sind ungezuckert. Wenn Sie gezuckerte Mangostücke verarbeiten möchten, nehmen Sie nur 25 g gesiebten Puderzucker für die Creme und geben etwas geriebene Zitronenschale hinzu.
Die Kastenform an einigen Punkten einfetten und dann mit Backpapier auslegen, damit das Backpapier beim Einfüllen nicht verrutscht.

Pro Stück: E: 2 g, F: 14 g, Kh: 26 g, kJ: 994, kcal: 238, BE: 2,0

Tipps zum Vorbereiten

* Die Mini-Gugelhupfe können einen Tag vor der Feier gebacken und mit dem Zuckerguss überzogen werden. Wenn der Guss getrocknet ist, die Hupfe gut verpacken und kühl stellen.

* Die Creme dann etwa 3 Stunden vor dem Servieren zubereiten und auf die Gugelhupfe spritzen.

Mini-Sauerkirsch-Gugelhupfe

Klein & farbenfroh

Zubereitungszeit: 20 Minuten, ohne Auftau- und Abkühlzeit
Backzeit: 12–15 Minuten
15 Stück

Zum Vorbereiten:
150 g TK-Sauerkirschen

Für den Teig:
120 g Weizenmehl
1 gestr. TL Dr. Oetker Backin
½ TL gem. Zimt
50 g feiner Zucker
1 Pck. Dr. Oetker Vanillin-Zucker
60 g Butter oder Margarine (zimmerwarm)
2 Eier (Größe M)

Für den Zuckerguss:
250 g Puderzucker
3 EL Sauerkirschsaft (von den Sauerkirschen)

Für die Creme:
150 g Schlagsahne (mind. 30 % Fett)
2 gestr. TL Gelatine fix
25 g Zucker

Außerdem:
1 Silikon-Mini-Gugelhupf-Form (für 15 Mini-Gugelhupfe, Ø je 4 cm)
1 EL zerlassene Butter zum Ausstreichen der Form
1 EL Weizenmehl zum Bestreuen

01 Zum Vorbereiten die Sauerkirschen in ein Sieb geben. Das Sieb in eine Schüssel hängen. Die Sauerkirschen auftauen lassen und dabei den Saft auffangen. Dann den Saft aus den Sauerkirschen drücken. 3 Esslöffel vom Saft für den Zuckerguss beiseitestellen. 60 g Kirschen abwiegen und fein hacken. Die restlichen Sauerkirschen beiseitestellen.

02 Die Mulden der Mini-Gugelhupf-Form mit der zerlassenen Butter ausstreichen und mit dem Mehl ausstreuen. Die Form auf einen Kuchenrost stellen.

03 Den Backofen vorheizen.
Ober-/Unterhitze: etwa 180 °C
Heißluft: etwa 160 °C

04 Für den Teig Mehl mit Backpulver und Zimt in einer Rührschüssel vermischen. Restliche Zutaten hinzufügen und mit einem Mixer (Rührstäbe) zunächst kurz auf niedrigster, dann auf höchster Stufe in etwa 2 Minuten zu einem glatten Teig verarbeiten. Die gehackten Sauerkirschen unterrühren.

05 Den Teig in einen Spritzbeutel mit Lochtülle (Ø 10 mm) füllen. Den Teig gleichmäßig in die Gugelhupf-Mulden spritzen.

06 Die Form auf dem Rost in den vorgeheizten Backofen schieben. Die Gugelhupfe **12–15 Minuten backen.**

07 Die Form auf einen Kuchenrost stellen. Die Gugelhupfe erkalten lassen und dann aus der Form lösen.

08 Für den Zuckerguss den Puderzucker mit dem beiseitegestellten Sauerkirschsaft verrühren. Die Mini-Gugelhupfe in den Zuckerguss tauchen und auf einem Kuchenrost abtropfen lassen.

09 Die Schlagsahne steif schlagen. Die beiseitegestellten Sauerkirschen in einem Rührbecher fein pürieren. Gelatine fix hinzugeben und nochmals pürieren. Dann den Zucker unterpürieren. Die Schlagsahne unterheben und in einen Spritzbeutel mit Sterntülle (Ø 9 mm) füllen.

10 Jeweils einen Tupfen auf die Gugelhupfe spritzen. Die Hupfe bis zum Servieren in den Kühlschrank stellen.

Pro Stück: E: 2 g, F: 8 g, Kh: 27 g, kJ: 809, kcal: 193, BE: 2,5

Tipps zum Vorbereiten

* Den Kuchen können Sie bereits am Vortag der Party backen, erkalten lassen und zugedeckt kühl stellen.

Brownie-Frischkäse-Kuchen

Edel

Zubereitungszeit: 35 Minuten, ohne Abkühlzeit
Backzeit: 25–30 Minuten
20 Stücke

Für den Teig:
50 ml Milch
100 g Schogetten Zartbitter
200 g Butter oder Margarine (zimmerwarm)
150 g brauner Zucker
1 Pck. Dr. Oetker Bourbon-Vanille-Zucker
4 Eier (Größe M)
250 g Weizenmehl
20 g gesiebtes Kakaopulver
1 gestr. TL Dr. Oetker Backin

Für die Füllung:
300 g Doppelrahm-Frischkäse
30 g Zucker
20 g Speisestärke
1 Pck. Dr. Oetker Finesse Geriebene Zitronenschale
1 EL Zitronensaft
1 Ei (Größe M)

Für den Belag:
100 g Schogetten Zartbitter

01 Für den Teig Milch in einem Topf zum Kochen bringen. Den Topf von der Kochstelle nehmen. Schogetten in die Milch geben und unter Rühren schmelzen lassen.

02 Den Backofen vorheizen.
Ober-/Unterhitze: etwa 180 °C
Heißluft: etwa 160 °C

03 Butter oder Margarine in einer Rührschüssel mit einem Mixer (Rührstäbe) geschmeidig rühren. Nach und nach Zucker und Vanille-Zucker unterrühren. So lange rühren, bis eine gebundene Masse entstanden ist.

04 Die Eier nach und nach unterrühren (jedes Ei etwa ½ Minute). Geschmolzene Schogetten hinzufügen.

05 Mehl mit Kakao und Backpulver mischen, in 2 Portionen auf mittlerer Stufe unterrühren. Den Teig auf ein Backblech (30 x 40 cm, mit Backpapier belegt) geben und glatt streichen.

06 Für die Füllung Frischkäse mit Zucker, Speisestärke, Zitronenschale, -saft und Ei gut verrühren. Die Masse mithilfe eines Teelöffels in kleinen Häufchen auf dem Teig verteilen. Die Frischkäsemasse mit einem Löffelstiel einmal durch die Teigmasse ziehen, sodass ein Marmormuster entsteht.

07 Das Backblech in den vorgeheizten Backofen schieben. Den Kuchen **25–30 Minuten backen.**

08 Das Backblech auf einen Kuchenrost stellen. Für den Belag die Kuchenoberfläche sofort mit den Schogetten belegen. Den Kuchen erkalten lassen.

Pro Stück: E: 6 g, F: 19 g, Kh: 24 g, kJ: 1196, kcal: 286, BE: 2,0

Tipps zum Vorbereiten

* Bis einschließlich Punkt 8 können Sie den Kuchen und die Götterspeise zum Garnieren am Vortag zubereiten.

Zitronen-Götterspeise-Kuchen

Für Kinder

Zubereitungszeit: 30 Minuten, ohne Abkühlzeit
Kühlzeit: 3–4 Stunden
Backzeit: etwa 25 Minuten
20 Stücke

Für den Rührteig:
120 g Butter oder Margarine (zimmerwarm)
120 g Zucker
1 Prise Salz
1 Pck. Dr. Oetker Finesse Geriebene Zitronenschale
3 Eier (Größe M)
250 g Weizenmehl
50 g Speisestärke
3 gestr. TL Dr. Oetker Backin
150 g Joghurt (1,5 % Fett)

Für den Belag:
2 Beutel aus 1 Pck. Götterspeise Zitronen-Geschmack
150 ml Wasser
180 g Zucker
300 ml Wasser
450 g Joghurt (1,5 % Fett)
100 g Schlagsahne (mind. 30 % Fett)

01 Den Backofen vorheizen.
Ober-/Unterhitze: etwa 200 °C
Heißluft: etwa 180 °C

02 Für den Teig Butter oder Margarine mit einem Mixer (Rührstäbe) auf höchster Stufe geschmeidig rühren. Nach und nach Zucker, Salz und Zitronenschale unterrühren. So lange rühren, bis eine gebundene Masse entstanden ist. Eier nach und nach unterrühren (jedes Ei etwa ½ Minute).

03 Mehl mit Speisestärke und Backpulver mischen, abwechselnd in 2 Portionen mit dem Joghurt kurz auf mittlerer Stufe unterrühren.

04 Den Teig auf ein Backblech (etwa 30 x 40 cm, gefettet) geben und glatt streichen. Das Backblech in den vorgeheizten Backofen schieben. Die Gebäckplatte **etwa 25 Minuten backen.**

05 Das Backblech auf einen Kuchenrost stellen. Die Gebäckplatte erkalten lassen.

06 Für den Belag beide Beutel Götterspeise nach Packungsanleitung, aber mit nur 150 ml Wasser zum Quellen anrühren. Zucker zur gequollenen Götterspeise geben. Die Götterspeise nach Packungsanleitung auflösen.

07 Dann die 300 ml kaltes Wasser vorsichtig unterrühren. 150 ml der Götterspeisenflüssigkeit in ein flaches Gefäß gießen und zugedeckt zum Gelieren in den Kühlschrank stellen.

08 Restliche Götterspeisenflüssigkeit in eine Rührschüssel geben. Joghurt unterrühren. Sahne steif schlagen und unterheben. Die Creme kurz in den Kühlschrank stellen, bis sie anfängt zu gelieren. Dann die Joghurt-Zitronen-Creme auf der Gebäckplatte verteilen. Den Kuchen zugedeckt 3–4 Stunden in den Kühlschrank stellen.

09 Kurz vor dem Servieren die fest gewordene Götterspeise aus dem Gefäß mit einem Messer in kleine Stücke teilen und auf der Creme verteilen. Den Zitronen-Götterspeise-Kuchen kurz in den Kühlschrank stellen.

Pro Stück: E: 4 g, F: 8 g, Kh: 28 g, kJ: 864, kcal: 206, BE: 2,5

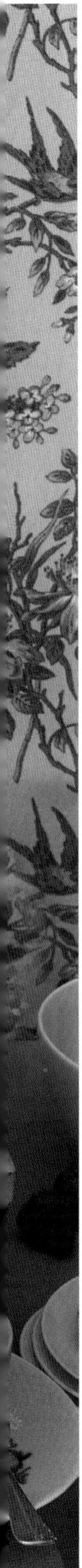

Kleine Sünden

Fruchtig, gestrudelt oder beschwipst: Tassenkuchen brauchen keine extra Form zum Backen und zum Servieren nur noch einen Löffel. Auf diese können Sie bei süßem Fingerfood auch noch ganz verzichten. Aus der Hand in den Mund ist hier der schnellste Weg zum Genuss. Dabei zaubern Sie mit den kleinen Smileys garantiert ein Lächeln ins Gesicht Ihrer Gäste. Auf Etageren nett angerichtet, zieht jedes Küchlein die Blicke auf sich.

Brandteigkringel mit Orangencreme

Cremig-fruchtig

Zubereitungszeit: 60 Minuten, ohne Abkühlzeit
Backzeit: etwa 30 Minuten je Backblech
48 Stück

Tipps zum Vorbereiten

* Die Brandteigkringel können 1 Tag vor dem Servieren gebacken werden. Die erkalteten Gebäckteile locker zudecken und trocken aufbewahren.

* 3–4 Stunden vor dem Servieren die Orangencreme zubereiten und die Kringel füllen. Die Kringel kühl, aber nicht in den Kühlschrank stellen.

Für den Brandteig:
250 ml Wasser
100 g Butter
150 g Weizenmehl
30 g Speisestärke
1 Prise Salz
5 Eier (Größe M)
1 Msp. Dr. Oetker Backin

Zum Bestreichen:
150 g Aprikosenkonfitüre
20 g Zucker
1 EL Wasser

Für die Orangencreme:
1 Pck. Dr. Oetker Pudding-Pulver Vanille-Geschmack
70 g Zucker
1 Pck. Dr. Oetker Bourbon-Vanille-Zucker
500 ml Orangensaft
250 g Butter (zimmerwarm)
40 g Puderzucker

Nach Belieben zum Garnieren:
1 Bio-Orange (unbehandelt, ungewachst)

01 Den Backofen vorheizen.
Ober-/Unterhitze: etwa 200 °C
Heißluft: etwa 180 °C

02 Für den Teig Wasser mit Butter am besten in einem Stieltopf zum Kochen bringen. Mehl mit Speisestärke und Salz vermischen, auf einmal in die von der Kochstelle genommene Flüssigkeit schütten, zu einem glatten Kloß rühren und unter Rühren etwa 1 Minute erhitzen (abbrennen). Den heißen Kloß sofort in eine Rührschüssel geben. Ein Ei nach dem anderen mit einem Mixer (Knethaken) auf höchster Stufe unter den heißen Teig rühren, dabei das nächste Ei erst unterrühren, wenn ein glatter Teig entstanden ist. Backpulver unter den erkalteten Teig rühren.

03 Den Teig in einen Spritzbeutel mit Sterntülle (Ø 8 mm) füllen. 48 Kreise (Ø je 4 cm) mit einem Abstand von je knapp etwa 4 cm auf 2 Backbleche (gefettet, mit Backpapier belegt) spritzen.

04 Die Backbleche nacheinander (bei Heißluft zusammen) in den vorgeheizten Backofen schieben. Die Brandteigkringel etwa **30 Minuten je Backblech backen.** Achtung: Während der ersten 15 Minuten der Backzeit die Backofentür nicht öffnen, da das Gebäck sonst zusammenfällt.

05 Sofort nach dem Backen von jedem Brandteigkringel mit einem Sägemesser vorsichtig einen Deckel abschneiden. Die Unterschalen und Deckel auf Kuchenrosten erkalten lassen.

06 Inzwischen zum Bestreichen Konfitüre mit Zucker und Wasser in einem kleinen Topf unter Rühren etwa 1 Minute kochen. Die heiße Konfitüre durch ein Sieb streichen und die Brandteigdeckel damit bestreichen.

07 Für die Orangencreme aus Pudding-Pulver, Zucker, Bourbon-Vanille-Zucker und Orangensaft nach Packungsanleitung, aber mit den hier angegebenen Zutaten, einen Pudding zubereiten. Frischhaltefolie direkt auf den Pudding legen, damit sich keine Haut bildet, und den Pudding bei Zimmertemperatur erkalten lassen.

08 Die Butter mit einem Mixer (Rührstäbe) in etwa 3 Minuten schaumig rühren. Puderzucker hinzugeben und alles weitere etwa 3 Minuten rühren. Den nochmals durchgerührten Pudding esslöffelweise unterrühren. Dabei darauf achten, dass Butter und Pudding Zimmertemperatur haben, da die Orangencreme sonst gerinnt.

09 Die Creme in einen Spritzbeutel mit Sterntülle (Ø 8 mm) füllen. Die Brandteigunterschalen mit Creme bespritzen. Die Deckel auflegen.

10 Zum Servieren die Kringel auf eine Servierplatte legen. Die Orange heiß abwaschen, abtrocknen und die Schale über den Brandteigkringeln fein abreiben.

Pro Stück: E: 1 g, F: 7 g, Kh: 9 g, kJ: 426, kcal: 102, BE: 1,0

Tassenkuchen mit Likör

Mit Alkohol

Zubereitungszeit: 50 Minuten, ohne Abkühlzeit
Teiggehzeit: etwa 2 Stunden
Backzeit: etwa 25 Minuten
12 Tassenkuchen

Tipps zum Vorbereiten

* Die Tassenkuchen können 1 Tag vor dem Servieren gebacken und getränkt werden. Stellen Sie die Küchlein zugedeckt kühl. Wie frisch gebacken schmecken die Tassenkuchen dann, wenn Sie diese kurz vor dem Servieren nochmals etwa 10 Minuten bei Ober-/Unterhitze: etwa 140 °C im Backofen aufbacken. Während dieser Zeit das Erdbeerpüree zubereiten und dann die Küchlein sofort mit dem Erdbeerpüree, den Erdbeerhälften und Puderzucker bestäubt servieren.

Für den Teig:
150 g Weizenmehl
5 g frische Hefe
125 ml lauwarme Milch (3,5 % Fett)
60 g Zucker
4 Eier (Größe L)
80 g Butter (zimmerwarm)
50 g Schlagahne
100 ml Cream-Likör (z. B. Irish-Cream-Likör oder Schoko-Creme-Likör, maximal 20 Vol.-%)
100 g Weizenmehl

Für den Sirup:
1 Vanilleschote
300 ml Wasser
130 g Zucker
1 Stange Zimt

Zum Garnieren:
500 g Erdbeeren
30 g Zucker
2 EL Puderzucker zum Bestreuen

Außerdem:
12 hitzebeständige Tassen (je etwa 200 ml)
2 EL Butter (zimmerwarm) zum Ausstreichen der Tassen
2 EL Zucker zum Ausstreuen der Tassen

01 Für den Teig Mehl in eine Rührschüssel geben und in die Mitte eine Vertiefung drücken. Hefe hineinbröckeln, die lauwarme Milch und 1 Prise vom Zucker hinzugeben und mit einem Schneebesen verrühren.

02 Anschließend Zucker, Eier, Butter, Schlagsahne und Likör auf den Hefeansatz geben. Das Mehl daraufgeben. Die Rührschüssel zudecken. Den Vorteig etwa 1 Stunde bei Zimmertemperatur gehen lassen (bis im aufgeschütteten Mehl deutliche Risse zu sehen sind).

03 Den Backofen auf Ober-/Unterhitze: etwa 50 °C vorheizen. Die Tassen mit Butter ausstreichen, mit Zucker ausstreuen und mit etwas Abstand auf ein Backblech stellen.

04 Den Vorteig mit einem Mixer (Knethaken) zunächst kurz auf niedrigster, dann auf höchster Stufe zu einem weichen Teig verarbeiten. Die vorbereiteten Tassen jeweils zur Hälfte mit dem Teig füllen. Das Backblech in den vorgewärmten Backofen schieben. Die Backofentür schließen und den Backofen ausschalten. Den Teig im Ofen etwa 1 weitere Stunde gehen lassen.

05 Hat sich das Teigvolumen in etwa verdoppelt, den Backofen auf Ober-/Unterhitze: etwa 160 °C, Heißluft: etwa 140 °C einschalten. Wenn der Backofen die angegebene Backtemperatur erreicht hat, die Tassenkuchen **etwa 25 Minuten backen.**

06 Anschließend das Backblech mit den Tassen aus dem Backofen nehmen und auf einen Kuchenrost stellen. Die Tassenkuchen abkühlen lassen.

07 Für den Sirup in der Zwischenzeit die Vanilleschote längs aufschneiden und das Mark herauskratzen. Das Vanillemark mit Wasser, Zucker und Zimtstange in einen Topf geben. Alles einmal aufkochen lassen und bei schwacher Hitze etwa 30 Minuten ziehen lassen. Die Tassenkuchen mit dem Gewürzsirup tränken.

08 Die Erdbeeren abspülen, gut abtropfen lassen, putzen und halbieren. 12 Erdbeerhälften beiseitestellen. Restliche Erdbeeren mit Zucker in einen Rührbecher füllen und pürieren.

09 Das Erdbeerpüree kurz vor dem Servieren auf den Tassenkuchen verteilen. Jeden Kuchen mit einer Erdbeerhälfte garnieren und mit Puderzucker bestäuben.

Tipps: Diese Tassenkuchen können Sie je nach Geschmack mit unterschiedlichen Likören zubereiten. Orangenlikör, Cassislikör oder Haselnusslikör eignen sich sehr gut.
Wenn Sie unsicher sind, welche Ihrer Tassen hitzebeständig genug sind, dann empfehlen wir Ihnen, eine Tasse mit Teig zu füllen und einmal Probe zu backen.

Pro Tassenkuchen: E: 5 g, F: 12 g, Kh: 43 g, kJ: 1317, kcal: 315, BE: 3,5

For You!

Tipps zum Vorbereiten

* Die Küchlein 4–5 Stunden vor der Party backen, erkalten lassen und garnieren.

Zitronen-Joghurt-Küchlein

Aus der Hand in den Mund

Zubereitungszeit: 50 Minuten, ohne Abkühl- und Trockenzeit
Backzeit: etwa 20 Minuten
24 Stück

Für den Rührteig:
180 g Weizenmehl
1 gestr. TL Dr. Oetker Backin
1 Prise Salz
1 Bio-Zitrone (unbehandelt, ungewachst)
80 g Butter oder Margarine (zimmerwarm)
120 g Zucker
1 Pck. Dr. Oetker Vanillin-Zucker
2 Eier (Größe M)
150 g Joghurt (1,5 % Fett)

24 Waffelbecher (mit kakaohaltiger Fettglasur)

Zum Garnieren:
1 Bio-Zitrone (unbehandelt, ungewachst)
100 g Puderzucker
1–2 EL Zitronensaft (von der Bio-Zitrone)
einige Tropfen gelbe Speisefarbe
12 Dekor-Geleefrüchte Zitrone

01 Den Backofen vorheizen.
Ober-/Unterhitze: etwa 180 °C
Heißluft: etwa 160 °C

02 Für den Teig Mehl mit Backpulver und Salz vermischen. Die Zitrone heiß abwaschen, abtrocknen und die Schale fein abreiben. Die Zitronenschale zu der Mehlmischung geben und untermischen.

03 Butter oder Margarine in eine Rührschüssel geben und mit einem Mixer (Rührstäbe) auf höchster Stufe geschmeidig rühren. Nach und nach Zucker und Vanillin-Zucker unterrühren. So lange rühren, bis eine gebundene Masse entstanden ist. Die Eier nacheinander unterrühren (jedes Ei etwa ½ Minute). Joghurt ebenfalls unterrühren. Die Mehlmischung hinzugeben und alles kurz auf niedrigster, dann auf höchster Stufe in 2 Minuten zu einem glatten Teig verarbeiten.

04 Die Waffelbecher auf ein Backblech (gefettet, mit Backpapier belegt) stellen. Den Teig mithilfe von 2 Teelöffeln gleichmäßig in den Waffelbechern verteilen. Das Backblech in den vorgeheizten Backofen schieben. Zitronen-Joghurt-Küchlein **etwa 20 Minuten backen.**

05 Die Küchlein mit dem Backblech auf einen Kuchenrost stellen und erkalten lassen.

06 Zum Garnieren die Zitrone heiß abwaschen, abtrocknen und die Schale sehr dünn abschälen und in ganz feine Streifen schneiden. Zitrone halbieren und auspressen. Zitronenschalenstreifen zugedeckt beiseitelegen.

07 Puderzucker nach und nach mit so viel Zitronensaft verrühren, dass ein dickflüssiger Guss entsteht. Die Hälfte des Zuckergusses auf 12 der Zitronen-Joghurt-Küchlein verteilen. Den restlichen Zuckerguss mit gelber Speisefarbe einfärben und auf den restlichen Küchlein verteilen.

08 Anschließend die Hälfte der Küchlein mit den Zitronenschalenstreifen, restliche Küchlein mit den Dekor-Geleefrüchten garnieren. Guss trocknen lassen.

Tipps: Hübsch sieht es aus, wenn die Küchlein mit einigen gehackten Pistazienkernen garniert werden.
Prickelnd wird es, wenn Sie auf den noch leicht feuchten Guss etwas Brausepulver streuen.

Pro Stück: E: 2 g, F: 4 g, Kh: 19 g, kJ: 522, kcal: 125, BE: 1,5

Kirsch-Cake-Muffins

Zum Mitnehmen geeignet

Zubereitungszeit: 35 Minuten, ohne Abkühlzeit
Backzeit: etwa 30 Minuten
12 Stück

Tipps zum Vorbereiten

* Die Muffins lassen sich bis einschließlich Punkt 8 am Vortag zubereiten. Die erkalteten Muffins dann zugedeckt kühl stellen.

* Etwa 2 Stunden vor dem Servieren die Muffins fertig zubereiten.

Zum Vorbereiten:
300 g Griesson Soft Cake Kirsch
175 g abgetropfte Sauerkirschen (aus dem Glas)

Für den Rührteig:
100 g Butter oder Margarine (zimmmerwarm)
50 g Zucker
1 Pck. Dr. Oetker Vanillin-Zucker
2 Eier (Größe M)
150 g Weizenmehl
1 gestr. TL Dr. Oetker Backin
½ TL Natron
75 g Joghurt (0,1 % Fett)

Für den Sirup:
150 ml Sauerkirschsaft (aus dem Glas)
15 g Zucker

Außerdem:
12 Muffin-Papierbackförmchen

01 Zum Vorbereiten von den Keksen 18 Stück beiseitelegen. Die restlichen Kekse mit einem Sägemesser in kleine Stücke schneiden.

02 Von den beiseitegelegten Keksen jeweils einen Keks mit der Schokoladenseite nach oben in die Mulden einer Muffinform (für 12 Muffins, mit Papierbackförmchen ausgelegt) legen.

03 Den Backofen vorheizen.
Ober-/Unterhitze: etwa 180 °C
Heißluft: etwa 160 °C

04 Von den Sauerkirschen den Saft auffangen und für den Sirup beiseitestellen. Von den Kirschen 12 Stück zum Garnieren beiseitelegen.

05 Für den Rührteig Butter oder Margarine mit einem Mixer (Rührstäbe) auf höchster Stufe geschmeidig rühren. Nach und nach Zucker und Vanillin-Zucker unterrühren. So lange rühren, bis eine gebundene Masse entstanden ist.

06 Die Eier nach und nach unterrühren (jedes Ei etwa ½ Minute). Mehl mit Backpulver und Natron mischen, auf mittlerer Stufe kurz unterrühren. Joghurt ebenfalls kurz unterrühren. Die Keksstücke und die Sauerkirschen unterheben.

07 Den Teig gleichmäßig in den Muffinmulden verteilen. Form auf dem Rost in den vorgeheizten Backofen schieben. Die Muffins **etwa 30 Minuten backen.**

08 Die Form auf einen Kuchenrost stellen. Die Muffins etwa 5 Minuten in der Form abkühlen lassen. Anschließend aus der Form lösen und auf dem Kuchenrost erkalten lassen.

09 Für den Sirup von dem Kirschsaft 150 ml abmessen. Abgemessenen Kirschsaft mit dem Zucker in einem kleinen Topf zum Kochen bringen und bei mittlerer Hitze etwa 15 Minuten zu einem Sirup einkochen.

10 Die restlichen 6 beiseitegelegten Kekse halbieren. Muffins mit beiseitegelegten Kirschen und Kekshälften garnieren, mit dem Kirschsirup beträufeln. Sirup erkalten lassen.

Pro Stück: E: 4 g, F: 11 g, Kh: 37 g, kJ: 1089, kcal: 260, BE: 3,0

Tipps zum Vorbereiten

* Die Eclairs und der Pudding können einen Tag vor dem Servieren zubereitet werden. Die erkalteten Gebäckteile locker zudecken und trocken aufbewahren. Den Pudding zugedeckt in den Kühlschrank stellen.

* Die Eclairs können dann 1–2 Stunden vor dem Servieren zusammengesetzt werden.

* Wenn die Eclairs etwas länger auf einem Buffet stehen sollen, dann den Karamellpudding mit 1–2 Blättern weißer Gelatine festigen.

Walnuss-Eclairs mit Karamellpudding

Kleine Verlockungen

Zubereitungszeit: 60 Minuten, ohne Abkühlzeit
Backzeit: etwa 30 Minuten je Backblech
24 Stück

Für den Walnuss-Brandteig:
80 g Walnusskerne
100 g Zucker
250 ml Wasser
100 g Butter
150 g Weizenmehl (Type 550)
1 Prise Salz
4 Eier (Größe M)
1 Msp. Dr. Oetker Backin

Für den Karamellpudding:
300 ml Milch (3,5 % Fett)
1 Pck. Dr. Oetker Pudding-Pulver Vanille-Geschmack
70 g Zucker
100 g Schlagsahne
1 Msp. Vanillemark

Zum Bestreichen:
3 EL Quittengelee
1 EL Zucker
1 EL Wasser

01 Den Backofen vorheizen.
Ober-/Unterhitze: etwa 180 °C
Heißluft: etwa 160 °C

02 Für den Brandteig die Walnusskerne auf einem Backblech in den vorgeheizten Backofen schieben. Die Nusskerne etwa 4 Minuten rösten. Inzwischen den Zucker in einem Topf bei mittlerer Hitze karamellisieren. Die heißen Nusskerne unter das Karamell rühren, auf einem Bogen Backpapier verteilen und erkalten lassen. Den Topf beiseitestellen. Die Karamellnüsse fein hacken. 1 Esslöffel davon zum Bestreuen beiseitelegen.

03 Wasser mit Butter in einem Topf zum Kochen bringen. Mehl mit Salz vermischen, auf einmal in die von der Kochstelle genommene Flüssigkeit schütten, zu einem glatten Kloß rühren und unter Rühren etwa 2 Minuten erhitzen (abbrennen). Den heißen Kloß sofort in eine Rührschüssel geben. Ein Ei nach dem anderen mit einem Mixer (Knethaken) auf höchster Stufe unter den heißen Teig rühren, dabei das nächste Ei erst unterrühren, wenn ein glatter Teig entstanden ist. Gehackte Karamellnüsse und Backpulver unter den erkalteten Teig rühren.

04 Den Teig in einen Spritzbeutel mit Lochtülle (Ø 10 mm) füllen. 24 etwa 5 cm lange Streifen mit einem Abstand von je etwa 5 cm auf 2 Backbleche (gefettet, mit Backpapier belegt) spritzen. Die Backbleche nacheinander (bei Heißluft zusammen) in den vorgeheizten Backofen schieben. Die Brandteigstreifen **etwa 30 Minuten je Backblech backen.** Achtung: Während der ersten 15 Minuten der Backzeit die Backofentür nicht öffnen.

05 Sofort nach dem Backen von jedem Eclair mit einem Sägemesser vorsichtig einen Deckel abschneiden. Die Unterschalen und Deckel auf einem Kuchenrost erkalten lassen.

06 Für den Pudding 50 ml von der Milch mit Pudding-Pulver anrühren. Den Zucker in dem beiseitegestellten Karamelltopf karamellisieren. Topf von der Kochstelle nehmen. Vorsichtig restliche Milch, Sahne und Vanillemark zum Karamell gießen und etwa 10 Minuten unter Rühren bei schwacher Hitze erwärmen, bis sich das Karamell gelöst hat.

07 Karamellmilch aufkochen, angerührtes Pudding-Pulver einrühren und kurz unter Rühren aufkochen lassen. Topf von der Kochstelle nehmen. Frischhaltefolie direkt auf den Pudding legen, damit sich keine Haut bildet. Pudding bei Zimmertemperatur erkalten lassen.

08 Den Pudding glatt rühren und in einen Spritzbeutel mit Sterntülle (Ø 8 mm) füllen. Den Pudding auf die Unterschalen der Eclairs spritzen.

09 Zum Bestreichen Quittengelee mit Zucker und Wasser in einem Topf unter Rühren etwa 1 Minute kochen. Die Eclair-Deckel mit dem heißen Gelee bestreichen, mit den beiseitegelegten Karamellnüssen bestreuen. Die Deckel auf die gefüllten Unterschalen legen. Die Eclairs bis zum Servieren kühl stellen.

Pro Stück: E: 3 g, F: 9 g, Kh: 17 g, kJ: 664, kcal: 159, BE: 1,5

Tipps zum Vorbereiten

* Die Tassenkuchen können einen Tag vor dem Servieren gebacken und beträufelt werden. Stellen Sie die Küchlein zugedeckt kühl.

* Die Johannisbeersahne 1–2 Stunden vor dem Servieren zubereiten und zugedeckt im Kühlschrank aufbewahren.

Maracuja-Tassen-Kuchen

Getoppt mit Johannisbeersahne

Zubereitungszeit: 50 Minuten, ohne Abkühlzeit
Backzeit: etwa 30 Minuten
12 Tassenkuchen

Für den All-in-Teig:
200 g Weizenmehl
30 g Speisestärke
2 gestr. TL Dr. Oetker Backin
1 gestr. TL Natron
5 Eier (Größe M)
100 ml Maracuja-Nektar
160 g Zucker
1 Pck. Dr. Oetker Vanillin-Zucker
180 ml Speiseöl, z. B. Sonnenblumenöl
80 g Magerquark

Zum Beträufeln:
1 Zitrone
100 ml Maracuja-Nektar

Zum Garnieren:
375 g Johannisbeeren
50 g Zucker
250 g Schlagsahne (mind. 30 % Fett)
40 g Zucker

50 g gehackte Pistazienkerne

Außerdem:
12 hitzebeständige Tassen (mindestens je etwa 200 ml)
2 EL Butter (zimmerwarm) zum Ausstreichen der Tassen
2 EL Zucker zum Ausstreuen der Tassen

01 Den Backofen vorheizen.
Ober-/Unterhitze: etwa 160 °C
Heißluft: etwa 140 °C

02 Die Tassen mit Butter ausstreichen, mit Zucker ausstreuen und mit etwas Abstand auf ein Backblech stellen.

03 Für den Teig Mehl mit Speisestärke, Backpulver und Natron gut vermischen. Eier mit Maracuja-Nektar in einer Rührschüssel mit einem Mixer (Rührstäbe) in etwa 1 Minute schaumig schlagen, bis sich das Volumen verdoppelt hat. Zucker und Vanillin-Zucker hinzugeben und weitere etwa 4 Minuten schlagen, bis ein elastischer Schaum entstanden ist.

04 Speiseöl mit Magerquark verrühren, zum Eierschaum geben und kurz unterrühren. Die Mehlmischung hinzugeben und kurz unterrühren. Den Teig in den vorbereiteten Tassen verteilen.

05 Das Backblech auf mittlerer Einschubleiste in den vorgeheizten Backofen schieben. Die Tassenkuchen **etwa 30 Minuten backen.**

06 Anschließend das Backblech mit den Tassen aus dem Backofen nehmen und auf einen Kuchenrost stellen. Die Tassenkuchen erkalten lassen.

07 Zum Beträufeln die Zitrone abwaschen, abtrocknen, halbieren und auspressen. Den Zitronensaft mit dem Maracuja-Nektar verrühren und die Tassenkuchen damit beträufeln.

08 Zum Garnieren die Johannisbeeren abspülen und abtropfen lassen. 12 kleine Johannisbeerrispen beiseitestellen. Von den restlichen Rispen die Beeren abstreifen und pürieren. Das Johannisbeerpüree durch ein Sieb streichen und mit dem Zucker verrühren, bis sich der Zucker gelöst hat. Das Püree zugedeckt kühl stellen.

09 Kurz vor dem Servieren die Schlagsahne halb steif schlagen, dabei den Zucker unterrühren. Johannisbeerpüree mit der Sahne mischen, bis zum Servieren in den Kühlschrank stellen.

10 Kurz vor dem Servieren auf jeden Tassenkuchen einen Klecks Johannisbeersahne geben. Die Tassenkuchen mit den beiseitegestellten Johannisbeerrispen garnieren und mit Pistazienkernen bestreuen.

Tipps: Wenn Sie unsicher sind, welche Ihrer Tassen hitzebeständig genug sind, dann empfehlen wir Ihnen, eine Tasse mit Teig zu füllen und einmal Probe zu backen.

Pro Tassenkuchen: E: 7 g, F: 29 g, Kh: 44 g, kJ: 1946, kcal: 465, BE: 3,5

Tipps zum Vorbereiten

* Die Küchlein am Vortag backen, erkalten lassen und gut verpacken.

* Etwa 2 Stunden vor dem Servieren die Küchlein in Smileys verwandeln.

Smileys

Die machen garantiert gute Laune

Zubereitungszeit: 45 Minuten, ohne Abkühl- und Trockenzeit
Backzeit: etwa 18 Minuten je Backblech
18 Stück (Ø 5–6 cm)

Für den Rührteig:
80 g Butter oder Margarine (zimmerwarm)
100 g Zucker
1 Prise Salz
2 gestr. TL Dr. Oetker Finesse Geriebene Zitronenschale
2 Eier (Größe M)
300 g Weizenmehl
1 gestr. TL Dr. Oetker Backin
150 ml Milch (3,5 % Fett)

Für die Gesichter:
etwa 2 Lakritzschnecken

Für den Zitronenguss:
250 g Puderzucker
gelbe Back- und Speisefarbe (aus der Tube)
etwa 5 EL Zitronensaft

01 Den Backofen vorheizen.
Ober-/Unterhitze: etwa 180 °C
Heißluft: etwa 160 °C

02 Für den Teig Butter oder Margarine in einer Rührschüssel mit einem Mixer (Rührstäbe) auf höchster Stufe geschmeidig rühren. Nach und nach Zucker, Salz und Zitronenschale unterrühren. So lange rühren, bis eine gebundene Masse entstanden ist.

03 Die Eier nach und nach unterrühren (jedes Ei etwa ½ Minute). Mehl mit Backpulver vermischen und in 2 Portionen abwechselnd mit der Milch auf mittlerer Stufe kurz unterrühren.

04 Auf 2 Backbleche (je etwa 30 x 40 cm, gefettet, mit Backpapier belegt) mithilfe von 2 Esslöffeln je 9 gleich große, möglichst runde Teighäufchen mit etwas Abstand setzen.

05 Die Backbleche nacheinander (bei Heißluft zusammen) in den vorgeheizten Backofen schieben. Die Küchlein **etwa 18 Minuten je Backblech backen.**

06 Backbleche aus dem Backofen nehmen. Die Küchlein mit dem Backpapier von den Backblechen auf Kuchenroste ziehen und erkalten lassen.

07 In der Zwischenzeit die Lakritzschnecken vorsichtig entrollen, sodass 2 lange dünne Lakritzschnüre entstehen. Kleine Lakritzstücke (weniger als ½ cm Länge) als Augenpaare und Lakritzmünder (etwa 4 cm lang) abschneiden und beiseitelegen.

08 Für den Zitronenguss Puderzucker und Speisefarbe in eine kleine Schüssel geben. Nach und nach so viel Zitronensaft unterrühren, dass ein dickflüssiger, gelber Guss entsteht.

09 Den Zitronenguss mit einem Messer oder einem Silikonbackpinsel auf die Unterseite der Küchlein streichen. Mit den beiseitegelegten Lakritzstückchen die Gesichter auf den noch feuchten Guss legen. Die Smileys auf einen Kuchenrost legen und trocknen lassen. Achtung: Die Oberfläche soll gerade liegen, damit die Gesichter nicht verrutschen.

Tipps: Speisefarbe vorsichtig dosieren. Die Farbintensität ist sehr unterschiedlich, je nachdem, welches Produkt man verwendet. Je farbintensiver der Guss werden soll, desto mehr Speisefarbe wird benötigt. Augen und Mund kann man auch mit dunkler Zuckerschrift aufmalen. Hierfür die Gesichter nach Packungsanleitung der Zuckerschrift auf den getrockneten Guss aufzeichnen.

Pro Stück: E: 3 g, F: 5 g, Kh: 34 g, kJ: 795, kcal: 190, BE: 3,0

Tipps zum Vorbereiten

* Die Prinzen-Nougat-Würfel halten sich in luftdicht verschlossenen Dosen und kühl gestellt etwa 1 Woche.

Prinzen-Nougat-Würfel

Schmecken Groß und Klein

Zubereitungszeit: 40 Minuten , ohne Abkühlzeit
Kühlzeit: etwa 60 Minuten
Backzeit: etwa 35 Minuten
etwa 70 Stücke

Für den Knetteig:
500 g Weizenmehl
2 gestr. TL Dr. Oetker Backin
140 g Zucker
2 TL gem. Zimt
½ TL ger. Muskatnuss
1 Prise Salz
2 Eier (Größe M)
360 g Butter oder Margarine

2 EL Weizenmehl zum Ausrollen

Außerdem:
400 g Nuss-Nougat
1 TL Kakaopulver

01 Den Backofen vorheizen.
Ober-/Unterhitze: etwa 180 °C
Heißluft: etwa 160 °C

02 Für den Teig Mehl mit Backpulver in einer Rührschüssel mischen. Zucker, Zimt, Muskat, Salz, Eier und Butter oder Margarine hinzufügen. Die Zutaten mit einem Mixer (Knethaken) zunächst kurz auf niedrigster, dann auf höchster Stufe gut durcharbeiten.

03 Anschließend den Teig auf der leicht bemehlten Arbeitsfläche kurz verkneten. Sollte er kleben, ihn in Frischhaltefolie gewickelt eine Zeit lang in den Kühlschrank stellen.

04 Den Teig auf einem Backblech (30 x 40 cm, gefettet, mit Backpapier belegt) ausrollen. Das Backblech in den vorgeheizten Backofen schieben. Die Gebäckplatte in **etwa 35 Minuten goldbraun backen.**

05 Das Backblech auf einen Kuchenrost stellen. Die Gebäckplatte senkrecht halbieren und erkalten lassen.

06 Nuss-Nougat in Stücke schneiden, in einem Topf im heißen Wasserbad bei schwacher Hitze unter Rühren schmelzen.

07 Etwa drei Viertel der Nougatmasse auf einer Gebäckhälfte verteilen und glatt streichen. Die zweite Gebäckhälfte darauflegen und andrücken.

08 Die restliche Nougatmasse auf die Gebäckoberfläche träufeln und grob verstreichen. Das Gebäck etwa 60 Minuten kühl stellen.

09 Das Gebäck dünn mit Kakao bestäuben und mit einem angewärmten Messer in etwa 4 cm große Würfel schneiden.

Pro Stück: E: 1 g, F: 6 g, Kh: 10 g, kJ: 437, kcal: 105, BE: 1,0

Tipps zum Vorbereiten

* Die Quarkbällchen schmecken frisch am besten und können 3–5 Stunden vor der Party ausgebacken werden.

* Oder die Quarkbällchen vorbacken und bis zur Party einfrieren. Dann die Quarkbällchen jeweils in nur 3–5 Minuten goldgelb ausbacken, abkühlen lassen und ohne Zucker einfrieren. Zum Servieren den Backofen auf Ober-/Unterhitze: etwa 180 °C vorheizen. Die gefrorenen Quarkbällchen auf ein Backblech (mit Backpapier belegt) legen und in 12–15 Minuten aufbacken. Anschließend die Quarkbällchen wie beschrieben in der Zucker-Zimt-Mischung wenden oder mit Puderzucker bestäuben.

Zum Vorbereiten:
50 ml lauwarme Buttermilch
60 g Butter

Für den Hefeteig:
400 g Weizenmehl
1 Pck. Dr. Oetker Trockenbackhefe
80 g Zucker
½ TL Salz
1 Pck. Dr. Oetker Finesse Geriebene Zitronenschale
500 g Magerquark

50 g Weizenmehl

Zum Ausbacken:
2–3 l Speiseöl, z. B. Sonnenblumenöl (je nach Größe der Fritteuse oder des Topfes)

Zum Wenden:
100 g Zucker
2 TL Zimt

Quarkbällchen

Saftig und locker

Zubereitungs- und Ausbackzeit: etwa 80 Minuten, ohne Abkühlzeit
Teiggehzeit: etwa 60 Minuten
etwa 48 Stück

01 Zum Vorberciten Buttermilch in einem Topf erwärmen. Die Butter darin zerlassen. Die Flüssigkeit lauwarm abkühlen lassen.

02 Für den Teig Mehl in eine Rührschüssel geben und mit Trockenbackhefe sorgfältig vermischen. Zucker, Salz, Zitronenschale, Buttermilch-Butter-Flüssigkeit und den Magerquark hinzufügen.

03 Die Zutaten mit einem Mixer (Knethaken) zunächst kurz auf niedrigster, dann auf höchster Stufe in etwa 5 Minuten zu einem glatten Teig verarbeiten. Den Teig zugedeckt so lange an einem warmen Ort gehen lassen, bis er sich sichtbar vergrößert hat (etwa 45 Minuten).

04 Anschließend 50 g Mehl unter den Teig kneten. Aus dem Teig mit den Händen etwa 48 knapp walnussgroße Bällchen formen. Die Bällchen mit etwas Abstand auf ein bemehltes Backblech oder Tablett setzen.

05 Die Teigbällchen zugedeckt nochmals so lange an einem warmen Ort gehen lassen, bis sie sich sichtbar vergrößert haben (etwa 15 Minuten).

06 Inzwischen zum Ausbacken Speiseöl in einer Fritteuse oder in einem Topf auf etwa 175 °C erhitzen, sodass sich um einen in das Fett gehaltenen Holzlöffelstiel Bläschen bilden.

07 Die Quarkbällchen portionsweise schwimmend in dem siedenden Ausbackfett rundherum in jeweils **5–6 Minuten goldbraun backen.**

08 Anschließend die Quarkbällchen mit einem Schaumlöffel herausnehmen und auf Küchenpapier legen, sodass überschüssiges Fett aufgesaugt werden kann.

09 Zum Wenden Zucker mit Zimt mischen. Die Bällchen noch warm in dem Zimt-Zucker-Gemisch wenden und auf Kuchenrosten abkühlen lassen.

Tipp: Die Quarkbällchen schmecken lauwarm und kalt sehr lecker.

Pro Stück: E: 3 g, F: 3 g, Kh: 11 g, kJ: 334, kcal: 80, BE: 1,0

Tipps zum Vorbereiten

* Die Röllchen können einen Tag vor der Party bis einschließlich Punkt 8 zubereitet werden. Die Röllchen dann in Frischhaltefolie gewickelt in den Kühlschrank stellen. Auch das Melonendessert können Sie am Vortag zubereiten und zugedeckt mit in den Kühlschrank stellen.

Löffelröllchen

Zart & fruchtig

Zubereitungszeit: 60 Minuten, ohne Abkühlzeit
Gefrierzeit: etwa 2 Stunden
Backzeit: etwa 10 Minuten
etwa 20 Stücke

Für den Biskuitteig:
50 g gehackte Pistazienkerne
90 g Weizenmehl
4 Eier (Größe M)
80 g Zucker
1 Pck. Dr. Oetker Vanillin-Zucker

70 ml Orangensaft

Für die Füllung:
200 g Erdbeeren
250 g Mascarpone (ital. Frischkäse)
150 g Crème fraîche
2 Beutel aus 1 Pck. Gelatine fix
60 g Zucker

1 reife, grüne Melone (z. B. Cantaloup Melone)

2 Bio-Limetten (unbehandelt, ungewachst)

1 EL Zitronengelee

01 Den Backofen vorheizen.
Ober-/Unterhitze: etwa 180 °C
Heißluft: etwa 160 °C

02 Für den Teig die Pistazien fein mahlen. 20 g davon für den Teig beiseitestellen. Restliche gemahlene Pistazien in ein Sieb geben und eine feine Schicht gleichmäßig auf ein Stück Backpapier (in der Größe des Backblechs) sieben. Mehl mit den 20 g gemahlenen Pistazien und den Resten aus dem Sieb mischen.

03 Die Eier mit einem Mixer (Rührstäbe) auf höchster Stufe in 1 Minute schaumig schlagen. Zucker mit Vanillin-Zucker mischen, einstreuen, dann noch etwa 4 Minuten schlagen, bis ein elastischer Schaum entstanden ist.

04 Mehl-Pistazien-Gemisch auf die Eiercreme geben und kurz auf niedrigster Stufe unterrühren. Den Teig auf ein Backblech (30 x 40 cm, gefettet, mit Backpapier belegt) streichen. Das Backblech in den Backofen schieben. Die Biskuitplatte in **etwa 10 Minuten hellbraun backen.**

05 Dann die Biskuitplatte auf das mit Pistazien bestreute Backpapier stürzen. Mitgebackenes Backpapier sofort mit kaltem Wasser bestreichen und vorsichtig abziehen. Biskuitplatte mit Orangensaft bestreichen. Die Ränder der Biskuitplatte etwa 1 cm rundherum gerade abschneiden. Die Platte längs halbieren, sodass 2 Platten je etwa 14 x 19 cm entstehen.

06 Für die Füllung die Erdbeeren abspülen, gut abtropfen lassen, entstielen und grob pürieren. Mascarpone und Crème fraîche unterrühren. Dann Gelatine fix unterrühren und zum Schluss den Zucker. Das Ganze fein pürieren. Die Creme etwa 10 Minuten zugedeckt in den Kühlschrank stellen und etwas fest werden lassen.

07 Die Melone halbieren, entkernen, in etwa 1 ½ cm dicke Spalten schneiden und schälen. Die Spalten in etwa 1 ½ cm breite Streifen schneiden.

08 Die Erdbeercreme glatt rühren. Die Biskuitplatten je etwa 1 cm dick damit bestreichen, dabei an den Rändern etwas frei lassen. Einige Melonenstreifen hintereinander jeweils längs in die Mitte der Biskuitplatten legen. Beide Biskuitplatten jeweils von der langen Seite her aufrollen, in Frischhaltefolie wickeln und etwa 2 Stunden gefrieren lassen.

09 Die Limetten heiß abwaschen, abtrocknen, die Schale fein abreiben und 1 Teelöffel davon zum Bestreuen beiseitelegen. Limetten halbieren und auspressen. Restliches Melonenfruchtfleisch fein schneiden, mit Zitronengelee, Limettenschale und -saft vermischen.

10 Die Biskuitrollen aus der Folie wickeln und mit dem Elektromesser schräg in 2–3 cm breite Scheiben schneiden. Zum Servieren jeweils 1 Erdbeerröllchen auf einen Suppenlöffel legen. Die Suppenlöffel z. B. auf Servierplatten (mit Zucker bestreut) anrichten und mit der beiseitegelegten Limettenschale bestreuen. Das Melonendessert dazureichen.

Pro Stück: E: 4 g, F: 10 g, Kh: 18 g, kJ: 721, kcal: 173, BE: 1,5

Tipps zum Vorbereiten

* Die Chai-Tea-Hügel können 4–5 Stunden bis zum Servieren zugedeckt im Kühlschrank stehen.

Chai-Tea-Hügel

Mit karamellisierten Biskuitbröseln

Zubereitungszeit: 45 Minuten, ohne Abkühl- und Ziehzeit
Kühlzeit: etwa 30 Minuten
Backzeit: etwa 10 Minuten
20 Stück

Für den Biskuitteig:
5 Eier (Größe M)
3 EL heißes Wasser
130 g Zucker
1 Pck. Dr. Oetker Vanillin-Zucker
140 g Weizenmehl
1 gestr. TL Dr. Oetker Backin
30 g gesiebtes Kakaopulver (Backkakao)

Für die Chai-Tea-Creme:
5 Beutel Chai-Tea (je 2 g)
300 ml kochendes Wasser
7 Blatt weiße Gelatine
200 ml Milch (1,5 % Fett)
1 Bio-Orange (etwa 180 g)
50 g gehackte Mandeln
40 g Zucker
150 g Schlagsahne (mind. 30 % Fett)
40 g Puderzucker

01 Den Backofen vorheizen.
Ober-/Unterhitze: etwa 200 °C
Heißluft: etwa 180 °C

02 Für den Teig Eier und Wasser mit einem Mixer (Rührstäbe) auf höchster Stufe in 1 Minute schaumig schlagen. Zucker mit Vanillin-Zucker mischen, in 1 Minute einstreuen, dann noch etwa 3 Minuten schlagen.

03 Mehl mit Backpulver und Kakao mischen. Die Hälfte davon kurz auf niedrigster Stufe unterrühren. Restliches Mehlgemisch auf die gleiche Weise unterarbeiten.

04 Den Teig auf ein Backblech (30 x 40 cm, gefettet, mit Backpapier belegt) geben und glatt streichen. Das Backblech in den vorgeheizten Backofen schieben. Die Biskuitplatte **etwa 10 Minuten backen.**

05 Die Biskuitplatte vorsichtig vom Rand lösen, auf eine mit Backpapier belegte Arbeitsplatte stürzen, mit dem Backpapier erkalten lassen. Dann das mitgebackene Backpapier vorsichtig abziehen. Mit einem runden Ausstecher (Ø 7 cm) 20 Taler daraus ausstechen. Die Biskuitreste in einem Blitzhacker fein zerkrümeln.

06 Für die Creme die Teebeutel mit kochendem Wasser übergießen, zugedeckt 8–10 Minuten ziehen lassen. Gelatine nach Packungsanleitung einweichen. Dann die Teebeutel entfernen, über dem Tee gut ausdrücken. Milch in den Tee gießen. Eingeweichte Gelatine leicht ausdrücken, in dem warmen Tee unter Rühren auflösen.

07 Orange heiß abwaschen, abtrocknen. Etwa die Hälfte der Schale fein abreiben und zum Tee geben. Den Tee abkühlen lassen, dann in den Kühlschrank stellen.

08 Inzwischen ein Backblech mit Backpapier belegen. Biskuitkrümel und Mandeln in einer Pfanne ohne Fett unter Wenden leicht rösten, dann auf einen Teller geben. Den Zucker in der Pfanne bei mittlerer Hitze goldbraun karamellisieren lassen. Die Krümel-Mandel-Mischung sofort mit einem Kochlöffel unterrühren. Die heiße Masse sofort auf das Backblech geben und erkalten lassen.

09 Sobald die Teemischung anfängt zu gelieren, die Sahne mit Puderzucker steif schlagen und unterheben. Die Creme auf den Biskuittalern leicht kuppelförmig verstreichen, mit der Krümelmasse bestreuen. Die Chai-Tea-Hügel etwa 30 Minuten in den Kühlschrank stellen.

Tipps: Wenn Sie keine runden Ausstecher haben, dann können Sie zum Ausstechen der Taler auch ein Glas mit entsprechendem Durchmesser verwenden.

Pro Stück: E: 4 g, F: 6 g, Kh: 18 g, kJ: 574, kcal: 137, BE: 1,5

GOOD TIMES

Tipps zum Vorbereiten und Mitnehmen

* Die Cheesecakes im Glas können Sie gut am Vorabend der Party bis einschließlich Punkt 6 zubereiten. Kurz vor dem Servieren die Cakes nach Belieben hübsch anrichten.

* Möchten Sie die Cheesecakes im Glas transportieren, dann bereiten Sie diese am besten in kleinen verschließbaren Gläsern zu. Nehmen Sie in diesem Fall die Zutaten zum Garnieren getrennt mit.

Cheesecakes im Glas

Ohne zu backen

Zubereitungszeit: 40 Minuten, ohne Quell- und Abkühlzeit
Kühlzeit: etwa 30 Minuten
12 Gläser

Für die Bröselböden:
240 g Butter oder Margarine
300 g Butterkekse

Für die Creme:
2 Beutel aus 1 Pck. Götterspeise Zitronen-Geschmack
400 ml Wasser
400 g Doppelrahm-Frischkäse
160 g Puderzucker
2 Pck. Dr. Oetker Vanillin-Zucker
6 EL Zitronensaft
800 g Schlagsahne (mind. 30 % Fett)
2 Pck. Dr. Oetker Vanillin-Zucker

Außerdem:
1 großer Gefrierbeutel
12 nicht zu hohe Gläser (je etwa 200 ml Inhalt)

Zum Dekorieren:
12–24 Mini-Zitronen- oder Orangengeleefrüchte
oder 12 Schoko-Ornamente
oder 4 TL weiße, gelbe und rosa Drageeperlen
oder 12 Schokoladen-Dekor-Stäbchen

01 Für die Böden Butter oder Margarine in einem Topf zerlassen und etwas abkühlen lassen. Die Butterkekse in einen großen Gefrierbeutel geben. Den Beutel fest verschließen. Die Butterkekse mit einer Teigrolle fein zerbröseln. Zwei Esslöffel der Keksbrösel beiseitelegen.

02 Restliche Keksbrösel in eine Schüssel geben. Butter oder Margarine hinzufügen und die Zutaten mit einer Gabel gut vermengen. Die Mischung gleichmäßig in den Gläsern verteilen und mit einem Teelöffel zu flachen Böden andrücken. Die Gläser in den Kühlschrank stellen.

03 Für die Creme das Götterspeisepulver mit Wasser in einem Topf mit einem Schneebesen verrühren. Etwa 5 Minuten zum Quellen stehen lassen. Dann die Mischung unter Rühren bei mittlerer Hitze erhitzen, bis die Götterspeise aufgelöst ist. Dabei nicht kochen lassen, sonst wird die Masse nicht richtig fest. Den Topf von der Kochstelle nehmen. Götterspeise abkühlen lassen.

04 Frischkäse mit Puderzucker, Vanillin-Zucker und Zitronensaft in einer Rührschüssel mit einem Schneebesen verrühren und die fast abgekühlte Götterspeise zügig unterrühren. Die Masse in den Kühlschrank stellen.

05 Wenn die Frischkäse-Götterspeise-Masse zu gelieren beginnt, die Sahne steif schlagen, dabei den Vanillin-Zucker unterrühren. Die Sahne in 2–3 Portionen unterheben.

06 Die Sahnecreme mit einem Löffel gleichmäßig auf den Keksböden in den Gläsern verteilen und glatt streichen. Die Gläser zugedeckt etwa 30 Minuten in den Kühlschrank stellen, bis die Creme fest geworden ist.

07 Zum Servieren die Cheesecakes im Glas garnieren. Dazu den Rand der Cheesecakes mit den beiseitegestellten Keksbröseln bestreuen, 1–2 Zitronen-Geleefrüchte oder jeweils 1 Schoko-Ornament auf die Creme geben, evtl. leicht eindrücken oder die Oberfläche mit Drageeperlen bestreuen oder jeweils 2 Schoko-Stäbchen in die Creme stecken.

Tipps: Hier können Sie bei der Dekoration nach Lust und Laune experimentieren. Z. B. sehen kleine Namensschilder oder Fähnchen hübsch aus. Dafür Namen oder gute Wünsche usw. auf kleine Papierstreifen (doppelte Länge des fertigen Schildchens) schreiben. Eine Hälfte mit einem Klebestift bestreichen und über ein Holzstäbchen klappen, trocknen lassen und vor dem Servieren in die Cheesecakes stecken.

Pro Glas: E: 9 g, F: 52 g, Kh: 42 g, kJ: 2836, kcal: 678, BE: 3,0

Tipps zum Vorbereiten

* Die Eclairs können zwei Tage vor der Party gebacken werden. Die erkalteten, ungefüllten Eclairs locker zudecken und trocken aufbewahren.

* Die Eclairs können dann etwa 6 Stunden vor dem Servieren gefüllt und glasiert werden. Die Eclairs bis zum Servieren trocken und kühl stellen.

Mini-Eclairs mit Butterkaramell

Mit Fleur de Sel

Zubereitungszeit: 60 Minuten, ohne Abkühlzeit
Backzeit: etwa 20 Minuten je Backblech
36 Stück

Für die Butter-Karamell-Creme:
50 g abgezogene, ganze Mandelkerne
50 g feiner Zucker
1 Pck. Saucenpulver Vanille-Geschmack zum Kochen
250 ml Milch (3,5 %)
100 g Schlagsahne
1 Pck. Dr. Oetker Bourbon-Vanille-Zucker
125 g Butter (zimmerwarm)

Für den Brandteig:
125 ml Wasser
75 g Butter
150 g Weizenmehl
1 Prise Salz
4 Eier (Größe M)
1 Msp. Dr. Oetker Backin

Für die Karamellglasur:
120 g feiner Zucker
100 g Butter
100 g Schlagsahne
½ TL Fleur de Sel

01 Den Backofen vorheizen.
Ober-/Unterhitze: etwa 200 °C
Heißluft: etwa 180 °C

02 Für die Creme die Mandelkerne auf einem Backblech in den vorgeheizten Backofen schieben, in etwa 5 Minuten braun rösten. Zucker in eine Pfanne streuen und karamellisieren. Die heißen Mandeln dazugeben und in dem Karamell wälzen, bis sie gleichmäßig überzogen sind. Die Karamellmandeln auf Backpapier verteilen, erkalten lassen, dann grob hacken und in einem Blitzhacker fein mahlen.

03 Das Saucen-Pulver mit 50 ml von der Milch anrühren. Restliche Milch, Sahne, Vanille-Zucker und gemahlene Karamellmandeln in einem Topf zum Kochen bringen. Angerührtes Saucen-Pulver in die kochende Flüssigkeit einrühren, kurz unter Rühren aufkochen. Topf von der Kochstelle nehmen. Butter unterrühren. Frischhaltefolie direkt auf die Creme legen, damit sich keine Haut bildet, und bei Zimmertemperatur erkalten lassen.

04 Für den Brandteig Wasser mit Butter in einem Topf zum Kochen bringen. Mehl mit Salz vermischen, auf einmal in die von der Kochstelle genommene Flüssigkeit schütten, zu einem glatten Kloß rühren und unter Rühren etwa 1 Minute erhitzen (abbrennen). Den heißen Kloß sofort in eine Rührschüssel geben. Ein Ei nach dem anderen mit einem Mixer (Knethaken) auf höchster Stufe unter den heißen Teig rühren, dabei das nächste Ei erst unterrühren, wenn ein glatter Teig entstanden ist. Backpulver unter den erkalteten Teig rühren.

05 Den Teig in einen Spritzbeutel mit Sterntülle (Ø 8 mm) füllen. 36 etwa 5 cm lange Streifen mit einem Abstand von je etwa 5 cm auf 2 Backbleche (gefettet, mit Backpapier belegt) spritzen. Die Backbleche nacheinander (bei Heißluft zusammen) in den vorgeheizten Backofen schieben. Die Brandteigstreifen **etwa 20 Minuten je Backblech backen.** Achtung: Während der ersten 15 Minuten der Backzeit die Backofentür nicht öffnen.

06 Die Backbleche auf Kuchenroste stellen. Eclairs etwas abkühlen lassen. Jedes Eclair an einem Ende mit einer Sterntülle (Ø 8 mm) anbohren. Evtl. mit einem Essstäbchen einen Hohlraum eindrücken. Eclairs erkalten lassen.

07 Die erkaltete Creme glatt rühren, in einen Spritzbeutel mit Lochtülle (Ø 6 mm) füllen und in die Eclairs spritzen. Gefüllte Eclairs auf Kuchenroste (mit Backpapier unterlegt) legen.

08 Für die Karamellglasur Zucker in einem Topf karamellisieren. Die Butter unter Rühren darin auflösen. Sahne unter Rühren hinzugießen. Das Karamell etwa 2 Minuten kochen lassen. Den Topf von der Kochstelle nehmen. Einen Tropfen Karamell auf einen Teller geben und abkühlen lassen. Wenn er nach dem Erkalten weich und zäh fließend ist, den Topf kurz in kaltes Wasser stellen und lauwarm abkühlen lassen. Wenn der Karamelltropfen breit läuft, weiter kochen, bis er richtige Konsistenz hat.

09 Die Karamellglasur mit einem Esslöffel auf den Eclairs verteilen, jeweils eine Prise Fleur de Sel daraufstreuen.

Pro Stück: E: 2 g, F: 10 g, Kh: 9 g, kJ: 570, kcal: 136, BE: 1,0

Tipps zum Vorbereiten

* Optimal ist es, die Johannisbeer-Baiser-Cupcakes 2–3 Stunden vor dem Servieren zu backen.

Johannisbeer-Baiser-Cupcakes

Sommerfrischer Genuss

Zubereitungszeit: 40 Minuten, ohne Abkühlzeit
Backzeit: etwa 40 Minuten
12 Stück

Zum Vorbereiten:
350 g rote Johannisbeeren

Für den Teig:
75 g Weizenmehl
75 g abgezogene, gem. Mandeln
2 gestr. TL Dr. Oetker Backin
60 g Zucker
1 Pck. Dr. Oetker Vanillin-Zucker
1 Prise Salz
2 Eier (Größe M)
3 EL Buttermilch
2 EL Speiseöl, z. B. Sonnenblumenöl

Für das Baiser-Topping:
2 Eiweiß (Größe M)
80 g Zucker
30 g Speisestärke

Außerdem:
12 Muffin-Papierbackförmchen

01 Zum Vorbereiten die Johannisbeeren kurz abspülen, abtropfen lassen und vorsichtig trocken tupfen. Die Beeren von den Rispen streifen.

02 Den Backofen vorheizen.
Ober-/Unterhitze: etwa 180 °C
Heißluft: etwa 160 °C

03 Für den Teig Mehl mit Mandeln, Backpulver, Zucker, Vanillin-Zucker und Salz in einer Rührschüssel mit einem Schneebesen verrühren.

04 Eier mit Buttermilch und Speiseöl in einem Rührbecher mit dem Schneebesen verrühren. Die flüssigen Zutaten zu der Mehl-Mandel-Mischung in die Rührschüssel geben und zu einem glatten Teig verrühren.

05 Dann den Teig in die Mulden einer Muffinform (für 12 Muffins, mit Papierbackförmchen ausgelegt) geben und glatt streichen. Die Form auf dem Rost im unteren Drittel in den vorgeheizten Backofen schieben. Die Cakes **etwa 10 Minuten vorbacken.**

06 Für das Topping Eiweiß mit dem Mixer (Rührstäbe) auf höchster Stufe steif schlagen. Der Schnee muss so fest sein, dass ein Messerschnitt sichtbar bleibt. Nach und nach den Zucker unterschlagen, dabei so lange schlagen, bis der Eischnee stark glänzt. Anschließend die Speisestärke darübersieben und vorsichtig unterrühren. Die Johannisbeeren vorsichtig unter den Eischnee heben.

07 Nach dem Ende der Vorbackzeit die Form auf einen Kuchenrost stellen. Die Eischneemasse sofort bergförmig auf den vorgebackenen Cakes verteilen. Dann die Form wieder auf dem Rost auf mittlerer Einschubleiste in den heißen Backofen schieben. Die Johannisbeer-Baiser-Cupcakes bei gleicher Backofentemperatur in **etwa 30 Minuten fertig backen.**

08 Die Form auf einen Kuchenrost stellen. Die Cupcakes etwa 5 Minuten in der Form abkühlen lassen. Anschließend aus der Form lösen und auf dem Kuchenrost erkalten lassen.

Tipp: Die Johannisbeeren können Sie durch die gleiche Menge Stachelbeeren ersetzen.

Pro Stück: E: 4 g, F: 6 g, Kh: 21 g, kJ: 658, kcal: 157, BE: 2,0

Tipps zum Vorbereiten

* Die Doppeldecker-Windbeutel lassen sich einen Tag vor dem Servieren zubereiten.

Doppeldecker-Windbeutel

Aufgespießt

Zubereitungszeit: 50 Minuten, ohne Abkühlzeit
Backzeit: 20–35 Minuten je Backblech
24 Stück

Für den Brandteig:
250 ml Milch (3,5 % Fett)
100 g Butter
150 g Weizenmehl
30 g Speisestärke
1 Prise Salz
5 Eier (Größe M)
1 Msp. Dr. Oetker Backin

Für die Vanillecreme:
1 Pck. Dr. Oetker Pudding-Pulver Vanille-Geschmack
60 g Zucker
1 Pck. Dr. Oetker Bourbon-Vanille-Zucker
400 ml Milch (3,5 % Fett)
200 g Schlagsahne

Für die Gewürzsahne:
150 g Schlagsahne (mind. 30 % Fett)
15 g Zucker
1 Msp. Zimt und Spekulatiusgewürz

Außerdem:
250 g Zitronengelee
1 EL Zucker
50 g Zartbitter-Kuvertüre

24 Holzspieße

01 Den Backofen vorheizen.
Ober-/Unterhitze: etwa 200 °C
Heißluft: etwa 180 °C

02 Für den Teig Milch mit Butter am besten in einem Stieltopf zum Kochen bringen. Mehl mit Speisestärke und Salz vermischen, auf einmal in die von der Kochstelle genommene Flüssigkeit schütten, zu einem glatten Kloß rühren und unter Rühren etwa 2 Minuten erhitzen (abbrennen). Den heißen Kloß sofort in eine Rührschüssel geben. Ein Ei nach dem anderen mit einem Mixer (Knethaken) auf höchster Stufe unter den heißen Teig rühren, sodass ein glatter Teig entsteht. Backpulver unter den erkalteten Teig rühren.

03 Den Teig in einen Spritzbeutel mit Lochtülle (Ø 10 mm) füllen. 24 Teigkugeln (Ø etwa 4 cm) mit einem Abstand von je etwa 3 cm auf ein Backblech (gefettet, mit Backpapier belegt) spritzen. Auf ein zweites Backblech (gefettet, mit Backpapier belegt) 24 Teigkugeln (Ø etwa 1 ½ cm) mit einem Abstand von je etwa 2 cm spritzen.

04 Die Backbleche nacheinander (bei Heißluft zusammen) in den vorgeheizten Backofen schieben. Die kleinen Brandteigkugeln **etwa 20 Minuten,** die großen Kugeln **etwa 35 Minuten backen.** Achtung: Während der ersten 15 Minuten der Backzeit die Backofentür nicht öffnen, da das Gebäck sonst zusammenfällt.

05 Die Backbleche auf Kuchenroste stellen. Die Brandteigbällchen etwas abkühlen lassen. In die noch warmen großen Bällchen mit einer großen Sterntülle (Ø 10 mm) und in die kleinen Bällchen mit einer kleinen Sterntülle (Ø 5 mm) jeweils ein Loch in die Böden bohren. Die Bällchen erkalten lassen.

06 Für die Vanillecreme aus Pudding-Pulver, Zucker, Bourbon-Vanille-Zucker, Milch und Sahne nach Packungsanleitung, aber mit den hier angegebenen Zutaten, einen Pudding zubereiten. Frischhaltefolie direkt auf den Pudding legen, damit sich keine Haut bildet, und den Pudding lauwarm erkalten lassen.

07 Die lauwarme Creme in einen Spritzbeutel mit Lochtülle (Ø 6 mm) füllen. Die großen Brandteigbällchen mit der Vanillecreme füllen.

08 Für die Gewürzsahne die Schlagsahne steif schlagen, Zucker, Zimt und Gewürz unterschlagen, in einen Spritzbeutel mit Lochtülle (Ø 6 mm) füllen. Die kleinen Brandteigbällchen mit der Gewürzsahne füllen.

09 Gelee mit Zucker und Wasser in einem Topf unter Rühren kurz aufkochen. Die großen und kleinen Bällchen nacheinander schnell mit zwei Gabeln durch das heiße Gelee ziehen. Jeweils ein kleines auf ein großes Bällchen setzen, mit einem Spieß feststecken und erkalten lassen.

10 Die Kuvertüre über den Doppeldecker-Windbeuteln abraspeln. Die Doppeldecker-Windbeutel bis zum Servieren kühl stellen.

Pro Stück: E: 3 g, F: 11 g, Kh: 21 g, kJ: 817, kcal: 195, BE: 1,5

114

Tipps zum Vorbereiten

* Die Mini-Cakes können 2–3 Stunden vor den Servieren bis einschließlich Punkt 9 zubereitet werden. Zum Servieren die Mini-Cakes wie beschrieben garnieren.

Mini-Cakes „Campari-Orange“

Mit Alkohol

Zubereitungszeit: 40 Minuten, ohne Abkühlzeit
Kühlzeit: etwa 60 Minuten
Backzeit: 15–20 Minuten
24 Stück

Zum Vorbereiten:
1 Bio-Orange (etwa 180 g)

Für den Teig:
160 g Butter oder Margarine (zimmerwarm)
80 g Zucker
1 Prise Salz
50 g flüssiger Honig
3 Eier (Größe M)
120 g Polenta (Maisgrieß)
90 g gem. Mandeln

Für das Topping:
4 Blatt weiße Gelatine
2 EL Campari
2 gestr. TL Speisestärke
100 g Joghurt (3,5 % Fett)
200 g Schlagsahne (mind. 30 % Fett)
2 EL Zucker

24 Orangen-Geleefrüchte

Außerdem:
24 Mini-Muffin-Papierbackförmchen

01 Zum Vorbereiten die Orange heiß abwaschen und abtrocknen. Die Schale fein abreiben. Orange halbieren, auspressen und den Saft für das Topping beiseitestellen.

02 Den Backofen vorheizen.
Ober-/Unterhitze: etwa 180 °C
Heißluft: etwa 160 °C

03 Für den Teig Butter oder Margarine mit Zucker, Salz, Honig und der Hälfte von der Orangenschale in eine Rührschüssel geben. Die Zutaten mit einem Mixer (Rührstäbe) zunächst kurz auf niedrigster, dann auf höchster Stufe etwa 4 Minuten schaumig schlagen. Die Eier nach und nach unterrühren (jedes Ei etwa ½ Minute).

04 Polenta mit Mandeln mischen und mit einem Schneebesen unter die Eier-Fett-Masse heben. Den Grießteig in die Mulden einer Muffinform (für 24 Mini-Muffins, mit Papierbackförmchen ausgelegt) geben und glatt streichen. Die Form auf dem Rost in den vorgeheizten Backofen schieben. Die Cupcakes **15–20 Minuten backen.**

05 Die Form auf einen Kuchenrost stellen. Cupcakes etwa 5 Minuten in der Form abkühlen lassen. Anschließend aus der Form lösen und auf dem Kuchenrost erkalten lassen.

06 Für das Topping Gelatine nach Packungsanleitung einweichen. 100 ml von dem Orangensaft (evtl. mit Wasser aufgefüllt), restliche Orangenschale, Campari und Speisestärke in einem kleinen Topf verrühren. Die Zutaten unter Rühren aufkochen. Den Topf von der Kochstelle nehmen.

07 Die Gelatine leicht ausdrücken und in der heißen Orangensaftmischung auflösen. Die Saftmischung auf Zimmertemperatur abkühlen lassen.

08 Den Joghurt unter die Saftmischung rühren. Die Sahne mit dem Zucker steif schlagen. Sobald die Orangen-Joghurt-Masse anfängt zu gelieren, Sahne vorsichtig unterheben.

09 Orangen-Campari-Creme in einen Spritzbeutel mit Sterntülle (Ø etwa 1 ½ cm) füllen. Auf jeden Cupcake einen Tupfen Creme spritzen. Die Cupcakes so zugedeckt, dass das Topping nicht zerdrückt wird, etwa 60 Minuten in den Kühlschrank stellen.

10 Die Cupcakes vor dem Servieren mit jeweils 1 Orangen-Geleefrucht garnieren.

Tipps: Für alkoholfreie Mini-Cakes können Sie den Campari durch Orangensaft ersetzen. Sollten Sie keine Bio-Orange bekommen, denn ersetzen Sie die abgeriebenen Orangenschale durch 1 Päckchen Dr. Oetker Finesse Orangenschalen-Aroma.

Pro Stück: E: 3 g, F: 11 g, Kh: 13 g, kJ: 689, kcal: 167, BE: 1,0

Tipps zum Vorbereiten

* Die Tassenkuchen können einen Tag vor dem Servieren gebacken werden. Stellen Sie die erkalteten Küchlein zugedeckt kühl.

Gestrudelte Nuss-Tassenkuchen

Einfach zu machen

Zubereitungszeit: 40 Minuten, ohne Abkühlzeit
Backzeit: etwa 35 Minuten
12 Tassenkuchen

Für den Teig:
80 g Zartbitter-Kuvertüre
300 g Weizenmehl
1 Pck. Dr. Oetker Backin
150 g gem. Haselnüsse
6 Eier (Größe M)
150 ml Apfelsaft
160 g Zucker
1 Pck. Dr. Oetker Vanillin-Zucker
50 ml Sesamöl
250 ml Sonnenblumenöl

12 Gebäckstangen, mit feiner Schokolade umhüllt
500 g Kirschgrütze (aus dem Kühlregal)
500 ml Bourbon-Vanillesauce (aus dem Kühlregal)

Außerdem:
12 hitzebeständige Tassen (mindestens je etwa 200 ml)
2 EL Butter (zimmerwarm) zum Ausstreichen der Tassen
2 EL Zucker zum Ausstreuen der Tassen

01 Den Backofen vorheizen.
Ober-/Unterhitze: etwa 180 °C
Heißluft: etwa 160 °C

02 Die Tassen mit der Butter ausstreichen, mit dem Zucker ausstreuen und mit etwas Abstand auf ein Backblech stellen.

03 Für den Teig die Kuvertüre in grobe Stücke hacken. Zwei Drittel davon in einem Topf im Wasserbad bei schwacher Hitze unter Rühren schmelzen. Den Topf aus dem Wasserbad nehmen und die restliche Kuvertüre darin unter Rühren schmelzen. Die geschmolzene Kuvertüre auf Zimmertemperatur abkühlen lassen.

04 Mehl mit Backpulver und Haselnüssen gut vermischen. Die Eier und den Apfelsaft in eine Rührschüssel geben, mit einem Mixer (Rührstäbe) in etwa 1 Minute schaumig schlagen. Zucker und Vanillin-Zucker hinzufügen und weitere etwa 4 Minute schlagen, bis ein elastischer Schaum entstanden ist. Sesam- und Sonnenblumenöl hinzugießen, kurz unterrühren. Mehlgemisch ebenfalls kurz unterrühren.

05 Zwei Esslöffel vom Teig abnehmen und mit der geschmolzenen Kuvertüre glatt rühren. Etwa ein Drittel des restlichen Teiges hinzugeben und vorsichtig mit der Kuvertüremasse verrühren.

06 Jeweils abwechselnd einen Esslöffel vom hellen und vom dunklen Teig in die Mitte der Tassen geben. So fortfahren, bis der Teig verbraucht und gleichmäßig in den Tassen verteilt ist.

07 Das Backblech auf mittlerer Einschubleiste in den vorgeheizten Backofen schieben. Die Tassenkuchen **etwa 35 Minuten backen.**

08 Anschließend das Backblech mit den Tassen aus dem Backofen nehmen und auf einen Kuchenrost stellen. Die Tassenkuchen erkalten lassen.

09 Vor dem Servieren jeweils eine Gebäckstange in die Tassenkuchen stecken. Die Tassenkuchen mit der Grütze und der Vanillesauce servieren.

Tipps: Wenn Sie unsicher sind, welche Ihrer Tassen hitzebeständig genug sind, dann empfehlen wir Ihnen, eine Tasse mit Teig zu füllen und einmal Probe zu backen.

Pro Tassenkuchen: E: 10 g, F: 43 g, Kh: 61 g, kJ: 2808, kcal: 670, BE: 5,0

Tipps zum Vorbereiten

* Die Biskuitrolle kann am Vortag der Party bis einschließlich Punkt 8 zubereitet werden.

„Süße Speck"-Schnittchen

Das mögen nicht nur Kinder

Zubereitungszeit: 45 Minuten, ohne Abkühlzeit
Kühlzeit: etwa 2 ¼ Stunden
Backzeit: 8–10 Minuten
14 Stücke

Für den Biskuitteig:
3 Eier (Größe M)
1 Eigelb (Größe M)
60 g Zucker
1 Pck. Dr. Oetker Pudding-Pulver Schokoladen-Geschmack
1 Msp. Dr. Oetker Backin

Für die Füllung:
125 ml Milch (3,5 % Fett)
100 g süßer Speck (Schaumzucker)
2 Blatt weiße Gelatine
200 g Joghurt, griechische Art
3 EL Zitronensaft
1 Banane
25 g süßer Speck (Schaumzucker)

Zum Garnieren:
etwa 25 g süßer Speck (Schaumzucker)
etwas heiße Milch

01 Ein Backblech leicht fetten, mit Backpapier belegen. Das Backpapier an der schrägen Seite des Backblechs so zu einer Falte knicken, dass ein Rand um eine Fläche von 25 x 40 cm entsteht.

02 Den Backofen vorheizen.
Ober-/Unterhitze: etwa 200 °C
Heißluft: etwa 180 °C

03 Für den Teig Eier und Eigelb mit einem Mixer (Rührstäbe) auf höchster Stufe in 1 Minute schaumig schlagen. Zucker in 1 Minute unter Rühren einstreuen, weitere 2 Minuten schlagen. Pudding-Pulver mit Backpulver mischen, auf die Eiercreme geben, kurz auf niedrigster Stufe unterrühren. Den Teig auf dem Backblech glatt verstreichen, in den vorgeheizten Backofen schieben. Die Biskuitplatte **8–10 Minuten backen.**

04 Die Biskuitplatte vom Backblechrand lösen, sofort auf ein mit Zucker bestreutes Backpapier stürzen und mit dem mitgebackenen Backpapier erkalten lassen.

05 Für die Füllung Milch in einem Topf zum Kochen bringen, süßen Speck hinzugeben, bei schwacher Hitze unter Rühren schmelzen. Gelatine nach Packungsanleitung einweichen, leicht ausdrücken, in der heißen Milchflüssigkeit unter Rühren auflösen, erkalten lassen, dabei zwischendurch umrühren.

06 Wenn die Milchflüssigkeit anfängt zu gelieren, Joghurt und 2 Esslöffel Zitronensaft unterrühren. Die Banane längs halbieren und mit dem restlichen Zitronensaft bestreichen.

07 Von der Biskuitplatte mitgebackenes Backpapier vorsichtig abziehen. Die Platte zurück auf das Backpapier stürzen. Die Milchschaummasse auf die Biskuitplatte streichen. Bananenhälften und süßen Speck in die Mitte der bestrichenen Biskuitplatte legen, etwas in die Creme drücken. Das Ganze etwa 15 Minuten in den Kühlschrank stellen.

08 Dann die Biskuitplatte mithilfe des Backpapiers von der langen Seite her aufrollen. Die Rolle zugedeckt etwa 2 Stunden in den Kühlschrank stellen.

09 Kurz vor dem Servieren die Speckrolle mit süßem Speck garnieren, dazu die süßen Speckteile etwa 1 mm tief von einer Seite kurz in heiße Milch tauchen, auf die Speck-Rolle legen und leicht andrücken.

Pro Stück: E: 3 g, F: 3 g, Kh: 19 g, kJ: 506, kcal: 121, BE: 1,5

Süße Performance

Elegante Cremeblüten, knackiges Cashew-Baiser oder Blue-and-Pink-Cream: Das sind die aktuellen Tortenkleider, in denen sich die Torten und Kuchen auf diesen Seiten präsentieren. Optisch perfekt gestylt, ist dieser Look gar nicht schwer umzusetzen. Spritzbeutel mit Sterntülle, wolkiger Eischnee und Colour-Sirup sind die Basis für die perfekte Performance.

Tipps zum Vorbereiten

* Die Torte kann einen Tag vor dem Servieren bis einschließlich Punkt 8 zubereitet werden.

* Die Rosenblätter erst kurz vor dem Servieren auf die Torte geben.

Nougat-Kirsch-Herz

Hier bleibt der Backofen kalt

Zubereitungszeit: 50 Minuten, ohne Abkühlzeit
Kühlzeit: etwa 5 Stunden
24 Stücke

Für den Tortenboden:
300 g Löffelbiskuits
30 g Salzbrezeln
250 g Butter
150 g Nuss-Nougat

Für die Füllung:
700 g abgetropfte Sauerkirschen (aus Gläsern)
450 ml Sauerkirschsaft (aus den Gläsern)
1 Pck. Dr. Oetker Pudding-Pulver Vanille-Geschmack
50 g Zucker
½ TL gem. Zimt

Für die Creme:
120 g Zucker
750 g Mascarpone (ital. Frischkäse)
400 g Schlagsahne (mind. 30 % Fett)
2 Beutel aus 1 Pck. Gelatine fix
evtl. ½ TL rote Back- & Speisefarbe (aus der Tube)

evtl. 40 g kandierte Rosenblätter

01 Für den Tortenboden eine Tortenspitze auf eine Tortenplatte legen. Einen Tortenring auf einen Durchmesser von 25 cm einstellen und daraufstellen.

02 Die Löffelbiskuits mit den Salzbrezeln in einen großen Gefrierbeutel geben. Den Beutel gut verschließen. Löffelbiskuits und Salzbrezeln mit einer Teigrolle fein zerbröseln. Butter und Nuss-Nougat in einem kleinen Topf bei schwacher Hitze schmelzen und gut mit den Bröseln verrühren.

03 Zwei Drittel der Bröselmasse in dem Tortenring verteilen und mit einem Löffel zu einem Boden andrücken. Den Tortenring entfernen und die restlichen Brösel so an den Boden drücken, dass ein Herz entsteht. Den Bröselboden mindestens 1 Stunde in den Kühlschrank stellen.

04 Inzwischen für die Füllung von den abgetropften Sauerkirschen den Saft auffangen und 450 ml abmessen. Den Kirschsaft mit Pudding-Pulver, Zucker und Zimt in einem Topf verrühren. Den Saft unter Rühren kurz aufkochen lassen. Die Sauerkirschen unterrühren und nochmals kurz aufkochen. Den Topf von der Kochstelle nehmen. Die Sauerkirschmasse erkalten lassen und dann zugedeckt etwa 1 Stunde in den Kühlschrank stellen.

05 Von der Sauerkirschmasse 400 g abmessen und in einen Rührbecher geben. Die restliche Sauerkirschmasse auf dem Bröselboden verteilen, dabei einen 1 cm breiten Rand frei lassen.

06 Für die Creme den Zucker mit einem Teigschaber gut unter den Mascarpone rühren. Die Schlagsahne steif schlagen.

07 Die Sauerkirschmasse im Rührbecher fein pürieren. Gelatine fix unter Rühren einstreuen und mit einem Mixer (Rührstäbe) unterrühren, evtl. die rote Speisefarbe unterrühren. Das Sauerkirschpüree durch ein Sieb streichen, mit dem Mascarpone verrühren. Die Sahne unterziehen.

08 Zwei Drittel der Creme in einen großen Spritzbeutel mit Sterntülle (Ø 12 mm) füllen. Die restliche Creme vom Rand aus auf die Sauerkirschen streichen. Die Creme im Spritzbeutel in Rosetten auf die Torte spritzen. Die Torte mindestens 3 Stunden in den Kühlschrank stellen.

09 Vor dem Servieren die Torte evtl. mit kandierten Rosenblättern belegen.

Tipps: Wenn Sie das Herz nicht selbst formen möchten: Es gibt auch entsprechende Backränder in Herzform (Ø etwa 26 cm) z. B. im Fachhandel oder im Internet zu kaufen. Auch kandierte Rosenblätter können Sie dort bestellen.

Pro Stück: E: 5 g, F: 30 g, Kh: 31 g, kJ: 1717, kcal: 411, BE: 2,5

Tipps zum Vorbereiten

* Die Torte am Vortag zubereiten und zugedeckt in den Kühlschrank stellen.

Zebra-Crashtorte

Schmuckstück

Zubereitungszeit: 40 Minuten, ohne Abkühlzeit
Kühlzeit: etwa 3 Stunden
Backzeit: 35–40 Minuten
12 Stücke

Für den Teig:
3 Eier (Größe M)
150 g Zucker
1 Pck. Dr. Oetker Vanillin-Zucker
125 ml Speiseöl, z. B. Sonnenblumenöl
200 g Weizenmehl
3 gestr. TL Dr. Oetker Backin
1 EL gesiebtes Kakaopulver (Backkakao)
1 EL Milch oder Wasser

Für die Füllung:
6 Blatt weiße Gelatine
600 g Joghurt (etwa 10 % Fett)
40 g Zucker
300 g kleine Erdbeeren
175 g abgetropfte Mandarinen (aus der Dose)
2 EL Mandarinensaft (aus der Dose)
200 g Schlagsahne (mind. 30 % Fett)

01 Den Backofen vorheizen.
Ober-/Unterhitze: etwa 180 °C
Heißluft: etwa 160 °C

02 Für den Teig Eier mit Zucker und Vanillin-Zucker in einer Rührschüssel mit einem Mixer (Rührstäbe) in etwa 2 Minuten schaumig rühren. Speiseöl unterrühren. Mehl mit Backpulver mischen und unter den Teig rühren. Den Teig halbieren. Unter eine Teighälfte Kakaopulver und Milch oder Wasser rühren.

03 Für das Zebramuster zunächst gut 2 Esslöffel des dunklen Teiges in die Mitte einer Springform (Ø 26 cm, mit Backpapier belegt) geben (nicht verstreichen). Auf den dunklen Teig gut 2 Esslöffel des hellen Teiges geben (nicht daneben). Die Vorgänge wiederholen, bis beide Teige aufgebraucht sind. Den Teig nicht glatt streichen. Die Form auf dem Rost in den vorgeheizten Backofen schieben. Den Tortenboden **35–40 Minuten backen.**

04 Den Tortenboden aus der Form lösen und mit dem Backpapier auf einen Kuchenrost ziehen. Tortenboden erkalten lassen und einmal waagerecht durchschneiden. Den unteren Tortenboden auf eine Tortenplatte legen. Einen Tortenring darumstellen. Den oberen Tortenboden in etwa 3 cm große Würfel schneiden.

05 Für die Füllung Gelatine nach Packungsanleitung einweichen. Joghurt mit Zucker verrühren. Erdbeeren putzen, abspülen, abtropfen lassen und entstielen. Größere Erdbeeren halbieren. Von den Mandarinen den Saft auffangen und 2 Esslöffel Saft abmessen.

06 Eingeweichte Gelatine leicht ausdrücken und in einem kleinen Topf bei schwacher Hitze unter Rühren erwärmen, bis sie völlig gelöst ist. Abgemessenen Mandarinensaft unterrühren. Gelatine zunächst mit 2–3 Esslöffeln des Joghurts verrühren, dann unter den restlichen Joghurt rühren. Sahne steif schlagen und unter die Joghurtmasse heben.

07 Jeweils ein Drittel der Kuchenwürfel und Früchte unregelmäßig auf dem unteren Tortenboden verteilen. Ein Drittel der Joghurtmasse in die Zwischenräume geben. Alle Kuchenwürfel, Früchte und Joghurtmasse wie beschrieben verarbeiten, bis alles aufgebraucht ist. Die Crashtorte etwa 3 Stunden in den Kühlschrank stellen.

Tipps: Die kleinen Randstücke des oberen Tortenbodens nicht verwenden. Diese evtl. zerbröseln und auf den oberen Tortenrand streuen.

Pro Stück: E: 7 g, F: 23 g, Kh: 35 g, kJ: 1559, kcal: 372, BE: 3,0

Tipps zum Vorbereiten

* Die Torte am Vortag bis einschließlich Punkt 10 zubereiten und zugedeckt in den Kühlschrank stellen. Auch die Halbmonde können Sie schon aus der Kuvertüre ausstechen und kalt stellen.

* 30–60 Minuten vor dem Servieren die Tuffs aufspritzen. Die Torte mit den Halbmonden und den Perlen garnieren, bis zum Servieren in den Kühlschrank stellen.

1001-Nacht-Torte

Arabischer Sahnetraum

Zubereitungszeit: 70 Minuten, ohne Abkühlzeit
Kühlzeit: etwa 2 Stunden
Backzeit: etwa 30 Minuten
12 Stücke

Für den All-in-Teig:
130 g Weizenmehl
3 gestr. TL Dr. Oetker Backin
20 g gesiebtes Kakaopulver
1 gestr. TL gem. Kardamom
1 TL gem. Zimt
30 g Zartbitter-Raspelschokolade
100 g Zucker
2 EL flüssiger Honig
3 Eier (Größe M)
130 g Butter oder Margarine (zimmerwarm)

Zum Garnieren:
125 g Zartbitter-Kuvertüre
1 EL Speiseöl, z. B. Sonnenblumenöl
50 g Feigenkonfitüre
100 g Marzipan-Rohmasse
etwas Puderzucker

Für die Honigsahne:
3 Blatt weiße Gelatine
500 g Schlagsahne (mind. 30 % Fett)
50–75 g flüssiger Honig

Zum Bestreichen und Verzieren:
100 g Feigenkonfitüre
etwa 200 g Schlagsahne (mind. 30 % Fett)
2 EL Goldperlen (Zuckerperlen)

01 Den Backofen vorheizen.
Ober-/Unterhitze: etwa 180 °C
Heißluft: etwa 160 °C

02 Für den Teig alle Zutaten in eine Rührschüssel geben und mit einem Mixer (Rührstäbe) zunächst kurz auf niedrigster, dann auf höchster Stufe in etwa 2 Minuten zu einem glatten Teig verarbeiten. Den Teig in eine Springform (Ø 26 cm, mit Backpapier belegt) geben und glatt streichen. Die Form auf dem Rost in den vorgeheizten Backofen schieben. Den Gebäckboden **etwa 30 Minuten backen.**

03 Den Boden aus der Form lösen, auf einen mit Backpapier belegten Kuchenrost stürzen und erkalten lassen. Mitgebackenes Backpapier abziehen. Den Tortenboden einmal waagerecht so durchschneiden, dass der untere Boden etwas dicker ist.

04 Den Rand des oberen Bodens abschneiden, sodass eine Platte (Ø 18–20 cm) entsteht. Abgeschnittenen Gebäckrand fein zerbröseln.

05 Zum Garnieren die Kuvertüre grob hacken und mit dem Speiseöl in einem kleinen Topf im heißen Wasserbad bei schwacher Hitze unter Rühren schmelzen. Die kleine Gebäckplatte dünn mit Feigenkonfitüre bestreichen. Marzipan auf einer mit Puderzucker bestäubten Arbeitsfläche in der Größe der Platte ausrollen und darauflegen.

06 Etwas von der Kuvertüre dick daraufstreichen, etwas anziehen lassen und mit einem Tortengarnierkamm in Wellen verzieren. Kuvertüre vollständig fest werden lassen.

07 Restliche Kuvertüre dünn auf Backpapier streichen und fest werden lassen (nicht kalt stellen). Den mit Kuvertüre bestrichenen Boden mit einem angewärmten Messer vorsichtig in 12 Tortenstücke einteilen, aber nicht vollständig durchschneiden.

08 Für die Honigsahne Gelatine in kaltem Wasser nach Packungsanleitung einweichen. Gelatine leicht ausdrücken und in einem kleinen Topf unter Rühren erwärmen, bis sie völlig gelöst ist. Die Sahne fast steif schlagen, zunächst die flüssige Gelatine, dann den Honig unter Schlagen hinzugeben. Die Sahne vollständig steif schlagen.

09 Den unteren Gebäckboden auf eine Tortenplatte legen und mit Feigenkonfitüre bestreichen. Dann die Sahne konisch (leicht kegelförmig) daraufstreichen, sodass der obere Boden aufgelegt werden kann, leicht andrücken. Torte etwa 2 Stunden in den Kühlschrank stellen.

10 Die Gebäckbrösel auf den oberen Tortenrand auf die Honigsahne streuen und leicht andrücken.

11 Zum Verzieren Sahne steif schlagen und in einen Spritzbeutel mit großer Lochtülle füllen. Dicke Sahnetuffs auf die Torte spritzen. Aus der Kuvertüre Halbmonde ausstechen und auf die Tuffs legen. Die Torte mit den Goldperlen garnieren.

Pro Stück: E: 7 g, F: 37 g, Kh: 46 g, kJ: 2301, kcal: 550, BE: 4,0

Tipps zum Vorbereiten

* Die Schwäne am besten am Vormittag der Party zubereiten. Sie können jedoch auch die Schwanenhälse und -körper backen, erkalten lassen und einfrieren.

* Dann die unaufgetauten Brandteigteilchen vor dem Füllen kurz (etwa 3 Minuten die Hälse, etwa 5 Minuten die Körper) im vorgeheizten Backofen bei Backtemperatur aufbacken.

Für die Schwanenkörper:
2 Pck. Brandteig Garant
4 gestr. EL Kakaopulver (Backkakao)
150 ml Milch (1,5 % Fett)
50 ml Sonnenblumenöl
4 Eier (Größe M)

Für die Schwanenhälse:
1 Pck. Brandteig Garant
2 gestr. EL Kakaopulver (Backkakao)
75 ml Milch (1,5 % Fett)
25 ml Sonnenblumenöl
2 Eier (Größe M)

Für die Füllung:
9 dunkle Kakao-Kekse mit Vanille-Creme-Füllung
600 g Schlagsahne (mind. 30 % Fett)
3 Pck. Dr. Oetker Vanillin-Zucker
3 Pck. Sahnesteif

Zum Garnieren:
etwa 375 g frische Brombeeren
3 EL Puderzucker

Black Swan

Einfach bezaubernd

Zubereitungszeit: 2 Stunden ohne Abkühlzeit
Backzeit: 18–30 Minuten je Backblech
12 Stück

01 Den Backofen vorheizen.
Ober-/Unterhitze: etwa 200 °C
Heißluft: etwa 180 °C

02 Für die Schwanenkörper Brandteig Garant mit Kakao in eine Rührschüssel geben. Milch, Sonnenblumenöl und Eier hinzufügen. Alles mit einem Mixer (Rührstäbe) kurz auf niedrigster, dann auf höchster Stufe in 2 Minuten zu einem glatten Teig verarbeiten.

03 Den Teig in einen Spritzbeutel mit Sterntülle (Ø 8–10 mm) füllen und auf ein Backblech (gefettet, mit Backpapier belegt) 12 leicht längliche Tupfen (für die Körper) mit genügend Abstand auf das Backblech spritzen.

04 Das Backblech in den vorgeheizten Backofen schieben. Die Schwanenkörper **etwa 30 Minuten backen.** Achtung: Während der ersten 15 Minuten der Backzeit die Backofentür nicht öffnen, da das Gebäck sonst zusammenfällt.

05 In der Zwischenzeit für die Schwanenhälse die Zutaten wie beschrieben zu einem Teig verarbeiten, in den Spritzbeutel füllen und auf ein Backblech (gefettet, mit Backpapier belegt) 12-mal ein „S“ oder eine „2“ (für die Hälse, etwa 7 cm lang) mit etwas Abstand aufspritzen.

06 Die gebackenen Schwanenkörper mit dem Backblech auf einen Kuchenrost stellen, sofort das Backblech mit den Hälsen in den vorgeheizten Backofen schieben. Die Schwanenhälse **etwa 18 Minuten backen.**

07 Sofort nach dem Backen von jedem Schwanenkörper mit einer Küchenschere vorsichtig einen Deckel abschneiden. Dafür die Schwanenkörper vorsichtig mit einem Topflappen oder Küchenpapier halten. Den Deckel so halbieren, dass man je zwei Schwanenflügel erhält. Die Rumpf-, Flügelgebäckteile und die Schwanenhälse auf Kuchenrosten abkühlen lassen.

08 Für die Füllung die Kekse in kleine Würfel hacken. Sahne steif schlagen, Vanillin-Zucker und Sahnesteif dabei einrieseln lassen. Kekswürfel mit einem Teigschaber unterheben. Die Beeren verlesen, evtl. vorsichtig abspülen und gut auf Küchenpapier abtropfen lassen.

09 Die Kekssahne esslöffelweise in die Gebäckböden füllen. Zunächst den Hals, dann die Flügel in die Sahnefüllung stecken. Brombeeren darauflegen. Die Brandteigschwäne bis zum Servieren in den Kühlschrank stellen. Vor dem Servieren dünn mit Puderzucker bestäuben.

Tipps: Wenn Sie noch Brandteigreste im Spritzbeutel haben, dann spritzen Sie die Reste als kleine Bällchen einfach mit auf das Backblech und backen sie mit.

Pro Stück: E: 8 g, F: 30 g, Kh: 21 g, kJ: 1620, kcal: 387, BE: 1,5

Gletscher-Torte

Etwas aufwendiger

Zubereitungszeit: 50 Minuten, ohne Abkühlzeit
Kühlzeit: etwa 3 ½ Stunden
Backzeit: etwa 20 Minuten
12 Stücke

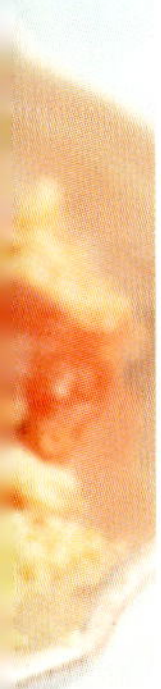

Tipps zum Vorbereiten

* Die Torte am Vortag bis einschließlich Punkt 8 und die Fruchtsaucen (Punkt 9) zubereiten und zugedeckt in den Kühlschrank stellen.

* Kurz vor dem Servieren die Saucen durchrühren und die Torte wie beschrieben fertig stellen.

Für den Rührteig:
120 g Butter oder Margarine (zimmerwarm)
100 g gesiebter Puderzucker
2 Eier (Größe M)
100 g Weizenmehl
1 gestr. TL Dr. Oetker Backin
100 g abgezogene, gem. Mandeln
1–2 EL Milch (1,5 % Fett)

Für den Belag:
500 g Erdbeeren
1 Pck. ungezuckerter Tortenguss, rot
40 g Zucker
250 ml Apfelsaft, klar

Für die Füllung:
3 Blatt weiße Gelatine
500 g Joghurt (etwa 10 % Fett)
50 g gesiebter Puderzucker
200 g Schlagsahne (mind. 30 % Fett)
1 Pck. Sahnesteif
1 Pck. Dr. Oetker Vanillin-Zucker

Für die Heidelbeersauce:
125 g Heidelbeeren
20 g gesiebter Puderzucker
½ Pck. Sahnesteif

Für die Erdbeersauce:
20 g gesiebter Puderzucker
½ Pck. Sahnesteif

01 Den Backofen vorheizen.
Ober-/Unterhitze: etwa 180 °C
Heißluft: etwa 160 °C

02 Für den Teig Butter oder Margarine in einer Rührschüssel mit einem Mixer (Rührstäbe) geschmeidig rühren. Nach und nach Puderzucker unterrühren. So lange rühren, bis eine gebundene Masse entstanden ist.

03 Eier nach und nach unterrühren (jedes Ei etwa ½ Minute). Mehl mit Backpulver und Mandeln mischen, abwechselnd in 2 Portionen mit der Milch kurz auf mittlerer Stufe unterrühren. Den Teig in eine Springform (Ø 24 cm, mit Backpapier belegt) geben und glatt streichen. Die Form auf dem Rost in den vorgeheizten Backofen schieben. Den Tortenboden **etwa 20 Minuten backen.**

04 Den Tortenboden aus der Form lösen und auf einem Kuchenrost erkalten lassen. Das obere Drittel vom Tortenboden waagerecht abschneiden. Den unteren Boden auf eine Tortenplatte legen.

05 Für den Belag Erdbeeren putzen, abspülen, gut abtropfen lassen und entstielen. 125 g der Erdbeeren für die Erdbeersauce beiseitestellen. Restliche Erdbeeren vierteln. Aus Tortengusspulver, Zucker und Apfelsaft einen Guss nach Packungsanleitung zubereiten. Erdbeerviertel vorsichtig unterrühren, etwa 5 Minuten abkühlen lassen und dann vorsichtig auf dem unteren Gebäckboden verteilen. Dabei einen etwa 1 cm breiten Rand frei lassen. Den Tortenboden etwa 30 Minuten in den Kühlschrank stellen.

06 Für die Füllung Gelatine nach Packungsanleitung einweichen. Gelatine ausdrücken und in einem kleinen Topf bei schwacher Hitze unter Rühren auflösen. Joghurt mit Puderzucker verrühren. Gelatine zunächst mit 2–3 Esslöffeln des Joghurts verrühren. Dann mit dem restlichen Joghurt verrühren.

07 Sahne mit Sahnesteif und Vanillin-Zucker steif schlagen. Sahne unter die Joghurtmasse heben. Etwa 5 Esslöffel der Joghurtcreme auf der Erdbeermasse verteilen. Von dem oberen Gebäckboden einen etwa 1 cm breiten Streifen abschneiden, sodass der Boden einen Durchmesser von etwa 19 cm bekommt. Den Gebäckboden so auf die Joghurtmasse legen, dass die Schnittfläche oben liegt. Restliche Joghurtmasse kuppelartig auf dem kleinen Gebäckboden und der restlichen Torte verstreichen.

08 Mit einem Messer in die Tortenkuppel 10–12 etwa 1 cm tiefe „Spalten" drücken. Die Torte etwa 3 Stunden in den Kühlschrank stellen.

09 Für die Heidelbeersauce Heidelbeeren abspülen, trocken tupfen und pürieren, evtl. durch ein Sieb streichen. Heidelbeerpüree mit Puderzucker und Sahnesteif verrühren. Für die Erdbeersauce beiseitegestellte Erdbeeren pürieren, mit Puderzucker und Sahnesteif verrühren.

10 Abwechselnd einen Teil der beiden Saucen mit einem Teelöffel in die „Spalten" geben. Den abgeschnittenen Gebäckrand fein zerbröseln und an den Tortenrand streuen. Restliche Fruchtsaucen zu der Torte reichen.

Pro Stück: E: 6 g, F: 24 g, Kh: 36 g, kJ: 1600, kcal: 382, BE: 3,0

Tipps zum Vorbereiten

* Der Kuchen kann am Vortag gebacken werden. Den erkalteten Kuchen dann zugedeckt kühl stellen.

BLACK5-Kuchen

Schoko-fruchtig

Zubereitungszeit: 40 Minuten, ohne Abkühlzeit
Backzeit: etwa 25 Minuten
20 Stücke

Zum Vorbereiten:
225 g BLACK5 (Kakaokekse mit Vanille-Creme-Füllung)

Für den Rührteig:
150 g Butter oder Margarine (zimmerwarm)
120 g Puderzucker
1 Pck. Dr. Oetker Bourbon-Vanille-Zucker
4 Eier (Größe M)
275 g Weizenmehl
3 gestr. TL Dr. Oetker Backin
150 g Vanille-Quark
125 g getrocknete Sauerkirschen
200 g frische, geschälte Ananas (aus dem Kühlregal)

Zum Bestreuen:
25 g gehobelte Mandeln
1 EL brauner Zucker

01 Zum Vorbereiten die Kekse durch Drehen voneinander trennen, die weiße Füllung abschaben und in eine Rührschüssel geben. 20 der 50 Kekshälften beiseitelegen. Restliche 30 Kekshälften in einen Gefrierbeutel geben, den Beutel fest verschließen und das Gebäck mit einer Teigrolle fein zerbröseln.

02 Den Backofen vorheizen.
Ober-/Unterhitze: etwa 180 °C
Heißluft: etwa 160 °C

03 Für den Rührteig Butter oder Margarine in die Rührschüssel zu der Keksfüllung geben, mit einem Mixer (Rührstäbe) auf höchster Stufe geschmeidig rühren. Nach und nach Puderzucker und Vanille-Zucker unterrühren. So lange rühren, bis eine gebundene Masse entstanden ist.

04 Eier nach und nach unterrühren (jedes Ei etwa ½ Minute). Mehl mit Backpulver mischen und in 2 Portionen auf mittlerer Stufe kurz unterrühren. Den Teig in 2 gleich große Portionen teilen.

05 Unter eine Teighälfte die vorbereiteten Keksbrösel (etwa 100 g) und den Vanille-Quark rühren. Die Sauerkirschen in kleine Stücke hacken und unterheben. Den Keks-Sauerkirsch-Teig auf ein Backblech (30 x 40 cm, gefettet) geben und glatt streichen.

06 Die Ananas in sehr kleine Stücke schneiden und unter die andere Teighälfte heben. Den Ananasteig auf den Keks-Sauerkirsch-Teig geben und vorsichtig verstreichen. Den Teig in regelmäßigen Abständen mit den beiseitegelegten Kekshälften belegen. Den Kuchen zuerst mit den Mandeln, dann mit dem Zucker bestreuen.

07 Das Backblech in den vorgeheizten Backofen schieben. Den Kuchen **etwa 25 Minuten backen.**

08 Das Backblech auf einen Kuchenrost stellen. Den Kuchen erkalten lassen. BLACK5-Kuchen in Stücke schneiden und servieren.

Pro Stück: E: 5 g, F: 11 g, Kh: 32 g, kJ: 1038, kcal: 248, BE: 2,5

Tipps zum Vorbereiten

* Das Gelee und den Kuchen können Sie bereits 1–2 Tage vor der Party zubereiten. Das Gelee dann zugedeckt im Kühlschrank stehen lassen. Den erkalteten Kuchen gut verpacken und kühl stellen.

* Etwa 2 Stunden vor dem Servieren die Kuchenstücke in die Gläser geben, tränken und mit den Geleewürfeln bestreuen.

Zitronenkuchen mit Schichtgelee

Mit Sekt oder Saft

Zubereitungszeit: 1 Stunde
Kühlzeit: etwa 4 Stunden
Backzeit: etwa 30 Minuten
36 Portionen

Für das Schichtgelee:
8 Blatt Gelatine
200 g Mascarpone (ital. Frischkäse)
1 Vanilleschote
1 Pck. Dr. Oetker Bourbon-Vanille-Zucker
70 g Zucker
200 ml Granatapfelsaft
150 ml Sekt oder klarer Apfelsaft
50 ml Zitronensaft

Für den Zitronenkuchen:
3 Bio-Zitronen (unbehandelt, ungewachst)
200 g Butter (zimmerwarm)
180 g Zucker
4 Eier (Größe M)
550 g Weizenmehl
2 gestr. TL Dr. Oetker Backin
1 gestr. TL Natron
100 g abgezogene, gem. Mandeln

Zum Tränken:
200 ml Sekt oder klarer Apfelsaft

01 Für das Gelee Gelatine nach Packungsanleitung einweichen. Gelatine leicht ausdrücken, in einem kleinen Topf bei schwacher Hitze unter Rühren auflösen. Aufgelöste Gelatine zuerst mit etwa 3 Esslöffeln vom Mascarpone verrühren, dann unter den restlichen Mascarpone rühren.

02 Die Vanilleschote längs aufschneiden und das Mark herausschaben. Vanillemark, Bourbon-Vanille-Zucker und Zucker zu der Mascarpone-Gelatine-Masse geben, mit einem Schneebesen zu einer glatten Masse verrühren. Die Hälfte davon (200 g) mit dem Granatapfelsaft verrühren und in eine große Auflaufform gießen. Die Flüssigkeit sollte etwa ½ cm hoch in der Form stehen. Die Form zugedeckt etwa 1 Stunde in den Kühlschrank stellen, bis das Gelee fest geworden ist.

03 Restliche Mascarpone-Gelatine-Masse noch mal leicht erwärmen. Sekt oder Saft und Zitronensaft unterrühren. Die abgekühlte, aber noch flüssige Mischung vorsichtig auf das fest gewordene Granatapfelgelee gießen. Die Form wieder zugedeckt für weitere 3 Stunden in den Kühlschrank stellen.

04 Für den Zitronenkuchen ein Backblech mit Backpapier belegen und einen Backrahmen in der Größe von 24 x 24 cm daraufstellen.

05 Den Backofen vorheizen.
Ober-/Unterhitze: etwa 180 °C
Heißluft: etwa 160 °C

06 Die Zitronen heiß abwaschen und abtrocknen. Die Schale fein abreiben. Zitronen halbieren, auspressen und 50 ml Saft abmessen. Restlichen Saft beiseitestellen.

07 Butter, Zitronenschale und Zucker in einer Rührschüssel mit einem Mixer (Rührstäbe) zunächst kurz auf niedrigster, dann auf höchster Stufe in etwa 4 Minuten schaumig schlagen. Eier nach und nach unterrühren (jedes Ei etwa ½ Minute). Mehl mit Backpulver, Natron und Mandeln mischen, in 2 Portionen abwechselnd mit abgemessenem Zitronensaft (50 ml) auf mittlerer Stufe kurz unterrühren.

08 Den Teig in den Backrahmen geben und verstreichen. Das Blech in den vorgeheizten Backofen schieben. Den Kuchen **etwa 30 Minuten backen.**

09 Backblech auf einen Kuchenrost stellen. Kuchen erkalten lassen.

10 Den Kuchen in etwa 4 cm große Stücke schneiden. Die Kuchenstücke z. B. in 36 Sektschalen verteilen. Sekt oder Saft mit dem beiseitegestellten Zitronensaft verrühren und die Kuchenstücke damit tränken.

11 Das Gelee in etwa ½ cm große Würfel schneiden. Die Geleewürfel mit einem Teigschaber aus der Form lösen. Die Kuchenstücke in den Gläsern damit bestreuen.

Pro Portion: E: 4 g, F: 9 g, Kh: 20 g, kJ: 762, kcal: 182, BE: 1,5

Tipps zum Vorbereiten

* Die Torte kann 1 Tag vor der Party zubereitet werden und zugedeckt im Kühlschrank stehen.

* Die Zuckerperlen erst vor dem Servieren daraufstreuen.

Marmorierte Eierlikörtorte

Beschwipster Traum in Rosa

Zubereitungszeit: 40 Minuten, ohne Abkühlzeit
Backzeit: etwa 60 Minuten
12 Stücke

Für den Sirup:
½ Vanilleschote
200 ml Rote-Bete-Saft
½ TL Fenchelsamen
2 Kardamomkapseln
1 TL rote Back- & Speisefarbe (aus der Tube)

Für den Teig:
190 g Weizenmehl
4 TL Dr. Oetker Backin
2 Pck. Dr. Oetker Pudding-Pulver Vanille-Geschmack
5 Eier (Größe M)
250 g Puderzucker
250 ml Sonnenblumenöl
250 ml Eierlikör
20 g Weizenmehl

Für die Creme:
350 g Butter (zimmerwarm)
90 g Puderzucker
1 Pck. Dr. Oetker Bourbon-Vanille-Zucker
150 ml Eierlikör
2 EL Rote-Bete-Saft

1 EL bunte Zuckerperlen

Außerdem:
1 flexibler Torten- bzw. Backring (mit 10 cm hohem Rand)

01 Einen Bogen Alufolie auf ein Backblech legen. Den Tortenring auf 22 cm Durchmesser ausziehen und mittig auf die Alufolie stellen, die überstehende Folie zum Ring hin einrollen und andrücken, sodass kein Teig auslaufen kann.

02 Den Backofen vorheizen.
Ober-/Unterhitze: etwa 180 °C
Heißluft: etwa 160 °C

03 Für den Sirup die Vanilleschote aufschneiden und das Mark herausschaben. Den Rote-Bete-Saft mit dem Vanillemark und den Gewürzen in einem Topf zum Kochen bringen, bei starker Hitze auf etwa die Hälfte einkochen lassen (etwa 1 Minute). Dann den heißen Sirup durch ein Sieb gießen und abkühlen lassen. Rote Speisefarbe unterrühren.

04 Für den Teig Mehl mit Backpulver und Pudding-Pulver vermischen. Die Eier in eine Rührschüssel geben und mit einem Mixer (Rührstäbe) auf höchster Stufe in etwa 2 Minuten schaumig schlagen. Puderzucker einstreuen, dann noch etwa 2 Minuten schlagen. Das Mehlgemisch in 2 Portionen abwechselnd mit Öl und Eierlikör kurz auf niedrigster Stufe unter die Eiercreme rühren.

05 Zwei Drittel vom Teig in den vorbereiteten Tortenring gießen. Sirup und Mehl unter den restlichen Teig rühren. Den roten Teig esslöffelweise auf dem ungefärbten Teig verteilen und mit einer Gabel spiralförmig durchziehen, sodass ein Marmormuster entsteht.

06 Das Backblech im unteren Drittel in den vorgeheizten Backofen schieben. Den Kuchen in **etwa 60 Minuten goldbraun backen.**

07 Den Kuchen auf einem Kuchenrost erkalten lassen. Dann den Kuchen aus dem Tortenring lösen, Tortenring und Alufolie entfernen. Den Kuchen auf eine Tortenplatte legen.

08 Für die Creme die zimmerwarme Butter in eine vorgewärmte Rührschüssel geben und mit einem Mixer (Rührstäbe) cremig schlagen. Puderzucker und Bourbon-Vanille-Zucker einstreuen und weitere etwa 4 Minuten schlagen. Eierlikör und Rote-Bete-Saft portionsweise kurz unterschlagen.

09 Die Creme wolkenförmig rundherum auf dem Kuchen verstreichen. Die Torte bis zum Servieren in den Kühlschrank stellen.

10 Zum Servieren die Torte mit den Zuckerperlen bestreuen.

Pro Stück: E: 6 g, F: 50 g, Kh: 60g, kJ: 3102, kcal: 741, BE: 5,0

Tipps zum Vorbereiten

* Die Vanilleeiscreme und die Profiteroles können 1–2 Tage vor dem Servieren vorbereitet werden. Die Gebäckteile locker zudecken und trocken aufbewahren.

Profiteroles mit Vanilleeiscreme

Heiß & kalt

Zubereitungszeit: 60 Minuten, ohne Zieh- und Abkühlzeit
Gefrierzeit: mindestens 7 Stunden
Backzeit: etwa 20 Minuten je Backblech
24 Stück

Für die Vanilleeiscreme:
200 ml Wasser
150 g Zucker
1 Vanilleschote
300 ml Milch (3,5% Fett)

Für den Brandteig:
125 ml Wasser
100 g Butter
150 g Weizenmehl (Type 550)
1 Prise Salz
4 Eier (Größe M)
1 Msp. Dr. Oetker Backin

Für die Schokosauce:
100 ml Wasser
180 g Zucker
2 TL Glukosesirup
150 g Zartbitter-Kuvertüre

01 Für die Vanilleeiscreme Wasser und Zucker in einem Topf zum Kochen bringen. Die Vanilleschote längs aufschneiden. Das Mark herausschaben und mit der Schote in den Sirup geben. Alles einmal aufkochen und etwa 1 Stunde auf der ausgeschalteten Kochstelle ziehen lassen.

02 Die Vanilleschote herausnehmen. Die Milch unterrühren und die Flüssigkeit abkühlen lassen. Die kalte Flüssigkeit in ein gefriergeeignetes Gefäß geben und zugedeckt mindestens 6 Stunden gefrieren lassen. Dabei gelegentlich umrühren.

03 Den Backofen vorheizen.
Ober-/Unterhitze: etwa 200 °C
Heißluft: etwa 180 °C

04 Für den Teig Wasser mit Butter in einem Topf zum Kochen bringen. Mehl mit Salz vermischen, auf einmal in die von der Kochstelle genommene Flüssigkeit schütten, zu einem glatten Kloß rühren, unter Rühren etwa 2 Minuten erhitzen (abbrennen). Den heißen Kloß sofort in eine Rührschüssel geben.

05 Ein Ei nach dem anderen mit einem Mixer (Knethaken) auf höchster Stufe unter den heißen Teig rühren, dabei das nächste Ei erst unterrühren, wenn ein glatter Teig entstanden ist. Backpulver unter den erkalteten Teig rühren. Den Teig in einen Spritzbeutel mit Sterntülle (Ø 9 mm) füllen. 24 Tupfen (Ø je etwa 3 cm) mit einem Abstand von je etwa 3 cm auf 2 Backbleche (gefettet, mit Backpapier belegt) spritzen.

06 Die Backbleche nacheinander (bei Heißluft zusammen) in den vorgeheizten Backofen schieben. Die Brandteigtupfen **etwa 20 Minuten je Backblech backen.** Achtung: Während der ersten 15 Minuten der Backzeit die Backofentür nicht öffnen.

07 Sofort nach dem Backen von jedem Profiterol mit einem Sägemesser vorsichtig einen Deckel abschneiden. Unterschalen und Deckel auf Kuchenrosten erkalten lassen. Dann die Unterschalen auf ein gefriergeeignetes Tablett oder Blech setzen und mindestens 1 Stunde gefrieren lassen.

08 Die Eiscreme aus dem Gefriergerät nehmen und etwa 30 Minuten antauen lassen, dann in einer Rührschüssel mit einem Pürierstab geschmeidig rühren. Einen Eisportionierer (Ø 5 cm) in heißes Wasser tauchen, 24 Eiskugeln abstechen und je eine Kugel in eine Unterschale setzen. Bis zum Servieren das Ganze wieder in das Gefriergerät stellen.

09 Für die Schokosauce Wasser mit Zucker und Glukosesirup aufkochen. Kuvertüre grob hacken und in den kochenden Sirup geben, von der Kochstelle nehmen. Kuvertüre unter Rühren in dem Sirup schmelzen.

(Fortsetzung auf Seite 141)

Pro Stück: E: 3 g, F: 7 g, Kh: 22 g, kJ: 679, kcal: 162, BE: 2,0

140

(Fortsetzung von Seite 139)

10 Vor dem Servieren die gefüllten Unterschalen aus dem Gefriergerät nehmen, die Eiscreme leicht antauen lassen. Jeweils einen Deckel auflegen, mit der heißen Schokosauce begießen und sofort servieren. Die restliche heiße Schokosauce dazureichen.

Tipps: Die Profiteroles auf einem gefrorenen Blütenblock anrichten. Sie möchten es sich etwas einfacher machen, dann kaufen Sie fertiges Vanilleeis und verwenden statt der Schokosauce erwärmte dunkle Kuchenglasur.

Tipps zum Vorbereiten

* Die Mini-Muffins etwa 4–5 Stunden vor der Party backen.

* Das Topping etwa 1 Stunde vor der Party zubereiten und auf die Mini-Muffins spritzen. Die Mini-Muffins bis zum Servieren in den Kühlschrank stellen.

Blütenranken

Begeistert Partygäste

Zubereitungszeit: 40 Minuten, ohne Abkühlzeit
Backzeit: etwa 15 Minuten
24 Stück

Für den Teig:
3 Eier (Größe M)
1 Eigelb (Größe M)
60 g Zucker
2 EL Lemoncurd (Zitronencreme, aus dem Glas)
1 Pck. Dr. Oetker Finesse Orangenschalen-Aroma
100 g Weizenmehl
1 gestr. TL Dr. Oetker Backin

Für das Topping:
400 g Doppelrahm-Frischkäse
3 TL Puderzucker
2 TL Himbeerkonfitüre
2 TL Aprikosenkonfitüre
2 TL Waldfruchtkonfitüre
1 Topf Pfefferminze oder Zitronenmelisse

Außerdem:
24 Mini-Muffin-Papierbackförmchen

01 Den Backofen vorheizen.
Ober-/Unterhitze: etwa 200 °C
Heißluft: etwa 180 °C

02 Für den Teig Eier und Eigelb mit einem Mixer (Rührstäbe) auf höchster Stufe etwa 3 Minuten schaumig schlagen. Nach und nach den Zucker einrieseln lassen, dann noch etwa 3 Minuten weiterschlagen. Anschließend Lemoncurd und Orangenschalen-Aroma unterrühren. Mehl mit Backpulver mischen.

03 Die Mehlmischung auf die Eiercreme geben und vorsichtig unterrühren. Den Teig in den Mulden einer Muffinform (für 24 Mini-Muffins, mit Papierbackförmchen ausgelegt) verteilen. Die Form auf dem Rost in den vorgeheizten Backofen schieben. Die Mini-Muffins **etwa 15 Minuten backen.**

04 Die Form auf einen Kuchenrost stellen. Die Mini-Muffins etwa 5 Minuten in der Form abkühlen lassen. Anschließend aus der Form lösen und auf dem Kuchenrost erkalten lassen.

05 Für das Topping den Frischkäse mit dem Puderzucker glatt rühren. Die Frischkäsemasse in 3 gleich große Portionen teilen. Eine Portion mit Himbeerkonfitüre, eine mit Aprikosenkonfitüre und eine mit Waldfruchtkonfitüre glatt rühren.

06 Die Frischkäsecreme in 3 Spritzbeutel mit Sterntüllen (Ø etwa 7 mm) füllen. Jeweils 8 Mini-Muffins mit einer Sorte Topping verzieren.

07 Die Kräuterstängel abschneiden, abspülen, abtropfen lassen und mit Küchenpapier trocken tupfen. Die Kräuterstängel auf einem großen Tablett oder einer Platte arrangieren. Die Mini-Muffins so an den Stängeln platzieren, dass das Bild einer Blumenranke entsteht.

Tipp: Für intensivere Farben der Toppings können Sie diese zusätzlich mit einigen Tropfen Speisefarbe einfärben.

Pro Stück: E: 3 g, F: 6 g, Kh: 10 g, kJ: 463, kcal: 110, BE: 1,0

Tipps zum Vorbereiten

* Den Tortenboden können Sie am Vortag backen.

* Das Topping dann 3–4 Stunden vor dem Servieren zubereiten und die Torte fertig zubereiten. Die Torte bis zum Servieren zugedeckt in den Kühlschrank stellen.

Grüntee-Torte

… und dazu ein Espresso

Zubereitungszeit: 35 Minuten, ohne Abkühlzeit
Kühlzeit: 4–6 Stunden
Backzeit: etwa 20 Minuten
18–24 Stücke

Zum Vorbereiten:
1 gestr. EL Koch-Matcha-Teepulver (Grüner Tee, etwa 6 g)
1 geh. TL Zucker
150 g Schlagsahne
150 g weiße Kuvertüre
3 EL Zitronensaft

Für den Teig:
150 g Weizenmehl
2 gestr. TL Dr. Oetker Backin
2 gestr. TL Koch-Matcha-Teepulver
40 g Zucker
2 Eier (Größe M)
60 g Reissirup
75 ml Sonnenblumenöl
75 ml Orangensaft
25 g Kokosraspel

Zum Bestreuen:
etwa 1 EL geschabte weiße Kuvertüre
etwa 1 EL Kokosraspel

01 Zum Vorbereiten Teepulver mit Zucker in einem kleinen Topf vermischen. Sahne nach und nach hinzugießen und mit einem Schneebesen verrühren, bis sich das Teepulver aufgelöst hat. Die Sahnemischung in dem Topf unter gelegentlichem Rühren erhitzen (nicht kochen). Kuvertüre in Stücke hacken, in die Tee-Sahne-Masse geben und unter Rühren schmelzen lassen. Die Tee-Sahne-Kuvertüre-Masse mit dem Zitronensaft in eine Rührschüssel geben, verrühren, zugedeckt 2–3 Stunden in den Kühlschrank stellen.

02 Den Backofen vorheizen.
Ober-/Unterhitze: etwa 180 °C
Heißluft: etwa 160 °C

03 Für den Teig Mehl mit Backpulver und Teepulver mischen, in eine verschließbare Schüssel (etwa 3 l) geben, mit Zucker mischen. Eier, Reissirup, Sonnenblumenöl und Orangensaft hinzufügen. Die Schüssel mit dem Deckel fest verschließen. Schüssel mehrmals kräftig schütteln (insgesamt 15–30 Sekunden), sodass alle Zutaten gut vermischt sind.

04 Kokosraspel hinzugeben. Alles mit einem Schneebesen oder Rührlöffel nochmals sorgfältig durchrühren, damit trockene Zutaten vom Deckel und Rand mit untergerührt werden.

05 Den Teig in eine Springform (Ø 26 cm, mit Backpapier belegt) geben und glatt streichen. Die Form auf dem Rost in den vorgeheizten Backofen schieben. Den Gebäckboden **etwa 20 Minuten backen.**

06 Den Gebäckboden aus der Form lösen und mit dem Backpapier auf einem Kuchenrost erkalten lassen.

07 Für das Topping die vorbereitete, kalt gestellte Tee-Sahne-Kuvertüre-Masse mit einem Mixer (Rührstäbe) zu einer cremigen Masse aufschlagen.

08 Das mitgebackene Backpapier vom Gebäckboden entfernen. Den Gebäckboden auf eine Tortenplatte legen und mit der Tee-Sahne-Creme bestreichen. Mit geschabter Kuvertüre und Kokosraspeln bestreuen. Die Torte nochmals 2–3 Stunden in den Kühlschrank stellen.

Tipps: Matcha-Teepulver erhalten Sie in gut sortierten Teeläden. Statt nur Zitronensaft können Sie für die Tee-Sahne-Creme auch je zur Hälfte Zitronen- und Orangensaft verwenden. Zu der Grüntee-Torte gezuckerte Erdbeeren reichen.

Pro Stück: E: 2 g, F: 10 g, Kh: 15 g, kJ: 672, kcal: 161, BE: 1,0

Schüsseltorte

Ohne zu backen

Zubereitungszeit: 50 Minuten, ohne Abkühlzeit
Kühlzeit: mindestens 3 Stunden
12–16 Portionen

Tipps zum Vorbereiten

* Die Schüsseltorte kann etwa 12 Stunden vor der Party zubereitet werden und im Kühlschrank stehen. Soll die Schüsseltorte länger stehen, dann die Mangoscheiben und -würfel kurz in heißem Wasser blanchieren. Die Schüsseltorte gut gekühlt servieren.

Für den Gewürzsud:
3 Bio-Limetten (unbehandelt, ungewachst)
1 TL Fenchelsamen
2 Anissterne
2 Kardamomkapseln
1 Gewürznelke
120 g Zucker
250 ml Maracuja-Nektar

Für die Buttermilchcreme:
10 Blatt Gelatine
1 l Buttermilch
180 g Zucker
1 Pck. Dr. Oetker Vanillin-Zucker
3 reife Mangos (je etwa 600 g)

1 Wiener Boden (hell, 500 g, in 3 Schichten geschnitten)

800 g Schlagsahne (mind. 30 % Fett))

Für den Guss:
½ Pck. ungezuckerter Tortenguss, klar
125 ml Maracuja-Nektar
1 EL Zucker

Außerdem:
1 große Glasschüssel (etwa 4 ½ l Inhalt, Ø 28 cm)

01 Für den Gewürzsud die Limetten heiß abwaschen, abtrocken und die Schale fein abreiben. Limettenschale, Gewürze und Zucker mit dem Maracuja-Nektar in einem Topf einmal aufkochen lassen. Den Gewürzsud auf der ausgeschalteten Kochstelle langsam erkalten lassen.

02 Die Limetten halbieren und auspressen. Den Gewürzsud durch ein Sieb gießen, auffangen und den Limettensaft unterrühren. Den Sud beiseitestellen.

03 Für die Creme Gelatine nach Packungsanleitung einweichen. Die Gelatine leicht ausdrücken und in einem kleinen Topf bei schwacher Hitze unter Rühren auflösen. Die aufgelöste Gelatine zuerst mit etwa 50 ml von der Buttermilch verrühren, dann unter die restliche Buttermilch rühren. Zucker und Vanillin-Zucker unterrühren.

04 Die Buttermilchmischung zugedeckt in den Kühlschrank stellen und unter gelegentlichem Rühren gelieren lassen.

05 Inzwischen die Mangos schälen, jeweils zwei große Hälften von den Steinen schneiden und beiseitestellen. Dann das restliche Fruchtfleisch von den Steinen schneiden und würfeln.

06 Einen Wiener Boden auf die Größe vom Schüsselboden zurechtschneiden. Die Abschnitte zerkrümeln und auf dem Schüsselboden verteilen. Etwa ein Viertel vom Gewürzsud daraufträufeln, den zurechtgeschnittenen Boden darauflegen, mit einem weiteren Viertel vom Sud beträufeln.

07 Sobald die Buttermilchcreme zu gelieren beginnt, die Schlagsahne steif schlagen und unterziehen. Die Mangowürfel unterheben. Etwa ein Drittel der Creme in die Schüssel geben und verstreichen.

08 Den zweiten Tortenboden zurechtschneiden und auf die Creme in der Schüssel legen. Die Hälfte vom restlichen Gewürzsud daraufträufeln. Ein weiteres Cremedrittel darauf verstreichen und den dritten Tortenboden (evtl. auch zurechtschneiden) darauflegen und mit dem restlichen Sud beträufeln. Die restliche Creme darauf verstreichen.

09 Die beiseitegelegten Mangohälften in etwa 3 mm dünne Scheiben schneiden. Die Mangoscheiben dekorativ auf die Oberfläche legen.

10 Für den Guss aus Tortengusspulver, Saft und Zucker nach Packungsanleitung, aber mit den hier angegebenen Zutaten, den Tortenguss zubereiten. Die Mangoscheiben dünn mit dem Guss bestreichen. Die Schüsseltorte zugedeckt mindestens 3 Stunden in den Kühlschrank stellen.

Tipp: Statt mit Mangos schmeckt die Torte auch mit 700 g abgetropften Mandarinen aus der Dose sehr lecker.

Pro Portion: E: 8 g, F: 22 g, Kh: 70 g, kJ: 2149, kcal: 514, BE: 6,0

Tipps zum Vorbereiten

* Die Tortenböden am besten am Vortag backen und erkalten lassen. Die Böden gut verpacken und kühl stellen.

* Die Torte 1–2 Stunden vor dem Servieren dann wie beschrieben fertig zubereiten.

* Die Tortenböden eignen sich aber auch zum Einfrieren.

Für den Rührteig:
250 g Butter oder Margarine (zimmerwarm)
125 g brauner Zucker
1 Pck. Dr. Oetker Bourbon-Vanille-Zucker
1 Prise Salz
1 Pck. Dr. Oetker Finesse Geriebene Zitronenschale
2 EL Zitronensaft
4 Eier (Größe M)
150 g Weizenmehl
100 g Semmelbrösel
3 gestr. TL Dr. Oetker Backin
125 ml dunkles Bier (Altbier)
100 g Zartbitter-Raspelschokolade
100 g gehackte Mandeln

Zum Bestreichen:
2 EL Kirschkonfitüre

Für den Guss:
125 g Puderzucker
etwa 2 EL dunkles Bier (Altbier)

Zum Garnieren:
Gebäcksticks mit Schokolade

Zum Verzieren:
2–3 EL Kirschkonfitüre

Altbier-Torte

Mit Alkohol

Zubereitungszeit: 40 Minuten, ohne Abkühlzeit
Backzeit: 35–40 Minuten je Boden
24 Stücke

01 Den Backofen vorheizen.
Ober-/Unterhitze: etwa 180 °C
Heißluft: etwa 160 °C

02 Für den Teig Butter oder Margarine in einer Rührschüssel mit einem Mixer (Rührstäbe) geschmeidig rühren. Nach und nach Zucker, Vanille-Zucker und Salz unterrühren. So lange rühren, bis eine gebundene Masse entstanden ist. Zitronenschale und -saft hinzufügen.

03 Die Eier nach und nach unterrühren (jedes Ei etwa ½ Minute). Mehl mit Semmelbröseln und Backpulver mischen, abwechselnd mit dem Bier in 2 Portionen auf mittlerer Stufe unterrühren. Raspelschokolade und Mandeln unterrühren.

04 Zwei Drittel des Teiges in eine Springform (Ø 20 cm, gefettet, mit Semmelbröseln ausgestreut) geben und glatt streichen. Den restlichen Teig in eine Springform (Ø 18 cm, gefettet, mit Semmelbröseln ausgestreut) geben und glatt streichen.

05 Die Formen nacheinander (bei Heißluft zusammen) auf Rosten in den vorgeheizten Backofen schieben. Die Tortenböden jeweils **35–40 Minuten backen.**

06 Die Böden aus den Formen lösen und auf einem mit Backpapier belegten Kuchenrost erkalten lassen.

07 Den größeren Tortenboden auf eine Tortenplatte legen. Die Tortenoberfläche mit Konfitüre bestreichen.

08 Für den Guss Puderzucker mit so viel Altbier verrühren, dass eine dickflüssige Masse entsteht. Gut die Hälfte des Gusses auf der Torte verteilen. Den kleineren Tortenboden darauflegen, leicht andrücken und mit dem restlichen Guss bestreichen. Den Guss auf den unteren Tortenboden fließen lassen. Die Torte mit Gebäcksticks garnieren.

09 Zum Verzieren die Konfitüre durch ein Sieb streichen und in ein Pergamentpapiertütchen füllen. Die Altbier-Torte damit verzieren. Den Guss fest werden lassen.

Tipps: Die Altbier-Torte kann auch in einer Napfkuchenform (Ø 24 cm, gefettet, mit Semmelbröseln ausgestreut) oder in einer Springform mit Rohrboden (Ø 26 cm, gefettet, mit Semmelbröseln ausgestreut) gebacken werden. Dann die Konfitüre zum Bestreichen weglassen.

Pro Stück: E: 4 g, F: 14 g, Kh: 26 g, kJ: 1027, kcal: 245, BE: 2,0

Tipps zum Vorbereiten

* Bereiten Sie den Cheesecake bis einschließlich Punkt 4 bereits am Vortag zu und stellen Sie den Cheesecake zugedeckt in den Kühlschrank.

* Etwa 1 Stunde vor der Party den Cheesecake garnieren.

Peppermint Cheesecake

Idealer Dessertersatz

Zubereitungszeit: 35 Minuten
Kühlzeit: mindestens 4 Stunden
15 Stücke

Für den Boden:
60 g weiße Schokolade
2 EL Speiseöl, z. B. Sonnenblumenöl
80 g Butterkekse
50 g gefüllte Schokoladen-Pfefferminz-Täfelchen

Für die Creme:
300 g Doppelrahm-Frischkäse (zimmerwarm)
5 Tropfen Pfefferminzöl
einige Tropfen grüne Speisefarbe
100 g Zucker
4 Blatt weiße Gelatine
350 g Schlagsahne (mind. 30 % Fett)

Zum Garnieren:
125 g gefüllte Schokoladen-Pfefferminz-Täfelchen (15 Stück)
2 EL Knusper-Schokoladenkugeln
einige frische Minzeblättchen

01 Für den Boden die Schokolade in Stücke brechen, mit dem Speiseöl in einem kleinen Topf im Wasserbad bei schwacher Hitze unter Rühren schmelzen. Die Butterkekse in einen Gefrierbeutel geben. Den Beutel fest verschließen. Die Kekse mit einer Teigrolle fein zerbröseln und in eine Rührschüssel geben. Schokoladen-Pfefferminz-Täfelchen in kleine Stücke schneiden, mit der geschmolzenen Schokolade zu den Keksbröseln geben und gut verrühren.

02 Einen Tortenring (Ø etwa 20 cm) auf eine mit Tortenspitze oder Backpapier belegte Tortenplatte stellen. Die Brösel-Schokoladen-Masse mit einem Esslöffel gleichmäßig in dem Tortenring verteilen, zu einem Boden andrücken und mindestens 10 Minuten in den Kühlschrank stellen.

03 Für die Creme Frischkäse, Pfefferminzöl, Speisefarbe und Zucker glatt rühren. Gelatine nach Packungsanleitung einweichen und leicht ausdrücken. Gelatine in einem kleinen Topf mit 3 Esslöffeln der Frischkäsemasse bei schwacher Hitze unter Rühren auflösen. Die warme Gelatinemasse mit einem Schneebesen unter die restliche Frischkäsemasse rühren. Sahne steif schlagen und mit einem Schneebesen unter die Frischkäsemasse heben.

04 Die Frischkäsecreme auf dem Bröselboden verteilen. Cheesecake mindestens 4 Stunden in den Kühlschrank stellen.

05 Zum Garnieren den Tortenring lösen und entfernen. Schokoladen-Pfefferminz-Täfelchen dicht nebeneinander an den Rand drücken (kleben). Die Cheesecakeoberfläche mit Knusper-Schokoladenkugeln bestreuen und mit abgespülten, trocken getupften Minzeblättchen garnieren.

Dekotipp: Man kann um den Cheesecake eine Satinschleife binden.

Pro Stück: E: 3 g, F: 18 g, Kh: 25 g, kJ: 1161, kcal: 278, BE: 2,0

Tipps
zum Vorbereiten

* Die Torte lässt sich problemlos einen Tag vor der Party fast vollständig vorbereiten. Die Torte mit der Füllung fertigstellen, aber den oberen Tortenboden noch nicht auflegen. Die Torte zugedeckt in den Kühlschrank stellen. Den oberen Tortenboden locker zudecken und trocken aufbewahren.

* Zum Servieren die Torte zusammensetzen und garnieren.

Fruchtige Cashewkerntorte

Sündiger Genuss

Zubereitungszeit: 45 Minuten, ohne Abkühlzeit
Gefrier- und Kühlzeit: etwa 2 Stunden
Backzeit: etwa 45 Minuten
14–16 Stücke

Für den Teig:
150 g geröstete, gesalzene Cashewkerne
12 Eiweiße (Größe M)
190 g Zucker
180 g Weizenmehl
50 g Speisestärke
2 TL Dr. Oetker Backin
12 Eigelbe (Größe M)

40 g Zucker zum Bestreuen

1 Grapefruit zum Beträufeln

Für die Füllung:
50 ml Zitronensaft
1 Pck. Dr. Oetker Puddingpulver Vanille-Geschmack
350 ml roter Johannisbeersaft
60 g Zucker
250 g frische Himbeeren
1 Pck. Sahnesteif
30 g Puderzucker
1 Pck. Dr. Oetker Bourbon-Vanille-Zucker
350 g Schlagsahne (mind. 30 % Fett)

20 g Puderzucker

01 Den Backofen vorheizen.
Ober-/Unterhitze: etwa 180 °C
Heißluft: etwa 160 °C

02 Für den Teig 75 g der Cashewkerne fein mahlen, restliche grob hacken. Die Eiweiße mit einem Mixer (Rührstäbe) in einer Rührschüssel schaumig schlagen. Den Zucker hinzugeben und cremig aufschlagen. Etwa 3 Esslöffel (100 g) der Eiweißmasse abnehmen und beiseitestellen.

03 Mehl mit Stärke und Backpulver vermischen, die gemahlenen Cashewkerne ebenfalls untermischen. Die Mischung mit den Eigelben zu der Eiweißmasse in der Rührschüssel geben und kurz unterrühren.

04 Den Teig in einer Springform (Ø 28 cm, mit Backpapier belegt) verstreichen. Die beiseitegestellte Eiweißmasse locker darauf verstreichen. Grob gehackte Cashewkerne darauf verteilen, Zucker daraufstreuen. Die Form auf dem Rost in den vorgeheizten Backofen schieben. Den Tortenboden in **etwa 45 Minuten goldbraun backen.**

05 Boden in der Form auf einem Kuchenrost erkalten lassen, dann aus der Form lösen und Backpapier abziehen. Tortenboden waagerecht durchschneiden und den oberen Boden beiseitelegen. Unteren Tortenboden auf eine Tortenplatte legen. Einen Tortenring oder den gesäuberten Springformring darumlegen.

06 Grapefruit halbieren und auspressen. Unteren Boden mit dem Saft beträufeln.

07 Für die Füllung Zitronensaft mit Pudding-Pulver verrühren. Johannisbeersaft mit Zucker in einem Topf zum Kochen bringen und unter Rühren aufkochen, von der Kochstelle nehmen. Angerührtes Pudding-Pulver in den Saft einrühren, kurz unter Rühren aufkochen. Einen großen, tiefen, gefrierfesten Teller mit Frischhaltefolie auslegen. Den Pudding daraufgießen, mit Frischhaltefolie zudecken. Den Pudding etwa 1 Stunde anfrieren lassen.

08 Dann die Himbeeren verlesen, abspülen, gut auf Küchenpapier abtropfen lassen und einige Himbeeren zum Garnieren beiseitelegen, Sahnesteif mit Puderzucker und Vanille-Zucker vermischen. Die Sahne steif schlagen, dabei die Sahnesteif-Zucker-Mischung einrieseln lassen.

09 Die Frischhaltefolie vom angefrorenen Pudding entfernen. Den Pudding in etwa 1 cm große Würfel schneiden, mit den Himbeeren unter die Sahne mischen. Die Füllung auf dem Tortenboden verstreichen. Oberen Boden darauflegen und etwas fest drücken.

10 Die Torte etwa 1 Stunde in den Kühlschrank stellen. Die Torte vor dem Servieren mit Puderzucker bestäuben und mit den beiseitegelegten Himbeeren garnieren.

Pro Stück: E: 10 g, F: 17 g, Kh: 44 g, kJ: 1580, kcal: 377, BE: 3,5

Tipps zum Vorbereiten

* Bereiten Sie den Cheesecake bis einschließlich Punkt 8 bereits am Vortag zu und stellen Sie den Cheesecake zugedeckt in den Kühlschrank.

Blue Cheesecake

Exotisch – mit Alkohol

Zubereitungszeit: 40 Minuten, ohne Abkühlzeit
Kühlzeit: mindestens 4 Stunden
Backzeit: etwa 20 Minuten
16 Stücke

Für den Biskuitteig:
3 Eier (Größe M)
1 Prise Salz
80 g Zucker
60 g Weizenmehl
40 g Kokosraspel

Für die Creme:
1 Granatapfel (etwa 300 g)
400 g Doppelrahm-Frischkäse (zimmerwarm)
80 g Zucker
6 Blatt weiße Gelatine
3 EL Grenadine Sirup
einige Tropfen rote und blaue Speisefarbe
3 EL Blue Curaçao
300 g Schlagsahne (mind. 30 % Fett)

3 EL Kokosraspel
2 EL Blue Curaçao

01 Den Backofen vorheizen.
Ober-/Unterhitze: etwa 180 °C
Heißluft: etwa 160 °C

02 Für den Teig Eier mit einem Mixer (Rührstäbe) auf höchster Stufe in 1 Minute schaumig schlagen. Salz mit Zucker mischen, in 1 Minute einstreuen, dann noch etwa 2 Minuten schlagen. Mehl mit Kokosraspeln mischen, auf die Eiercreme geben und mit dem Schneebesen unterheben.

03 Den Teig in eine Springform (Ø 26 cm, gefettet, mit Backpapier belegt) geben und glatt streichen. Die Form auf dem Rost in den vorgeheizten Backofen schieben. Den Biskuitboden **etwa 20 Minuten backen.**

04 Die Form auf einen Kuchenrost stellen. Den Biskuitboden erkalten lassen. Dann den Biskuitboden aus der Form lösen und auf ein Backblech (mit Backpapier belegt) legen. Einen Tortenring darumstellen.

05 Für die Creme Granatapfel halbieren und die Kerne herauslösen. Die Hälfte der Kerne auf dem Biskuitboden verteilen. Restliche Granatapfelkerne zum Garnieren beiseitelegen.

06 Frischkäse und Zucker glatt rühren. Gelatine nach Packungsanleitung einweichen, leicht ausdrücken und in einem kleinen Topf bei schwacher Hitze mit 3 Esslöffeln der Frischkäsemasse unter Rühren auflösen. Dann mit einem Schneebesen unter die restliche Frischkäsemasse rühren.

07 Die Frischkäsemasse halbieren und in 2 Schüsseln verteilen. Eine Hälfte mit Grenadine Sirup verrühren und nach Belieben mit roter Speisefarbe nachfärben. Die andere Hälfte mit Blue Curaçao verrühren und nach Belieben mit blauer Speisefarbe nachfärben.

08 Die Sahne steif schlagen, jeweils die Hälfte der Sahne unter die beiden Frischkäsemassen heben. Die beiden Frischkäsecremes abwechselnd mit einem Esslöffel auf dem Biskuitboden verteilen. Cheesecake mindestens 4 Stunden in den Kühlschrank stellen.

09 Cheesecake mit einem Messer vom Tortenring lösen und auf eine Platte setzen. Kokosraspel mit Blue Curaçao vermischen, den Cheesecakerand damit bestreuen. Cheesecakeoberfläche mit den beiseitegelegten Granatapfelkernen bestreuen.

Tipps: Der Granatapfel kann auch durch etwa 200 g vorbereitete Johannisbeeren ausgetauscht werden.
Für einen alkoholfreien Cheesecake Blue Curaçao durch Blue Curaçao Sirup austauschen.

Pro Stück: E: 5 g, F: 17 g, Kh: 18 g, kJ: 1067, kcal: 256, BE: 1,5

Ratgeber

Anrichten von Party-Kuchen-Buffets

Party-Buffets lassen sich ganz einfach arrangieren.

- Stellen Sie unterschiedlich hohe Kartons, Töpfe oder Springformen zusammen, belegen Sie diese mit Tischdecken, Servietten oder einfach mit Tortenspitzen. Stellen Sie die Torten oder Kuchenstücke darauf.

- Wenn es etwas rustikaler sein darf: Stellen Sie die Blechkuchen mit dem Blech auf das Buffet und lassen Sie Ihre Gäste die Stücke selbst schneiden.

- Aus unterschiedlichen Teller- und Tassengrößen bauen Sie schnell praktische Etageren auf. Diese rücken Kuchenstücke und süße Kleinigkeiten ins rechte Licht.

- Setzen Sie diese kleinen Leckereien in hübsche Papier-Muffinförmchen. Das sieht nicht nur nett aus, sondern hat gleich den Vorteil, dass die Köstlichkeiten aus der Hand gegessen werden und Sie kein zusätzliches Geschirr zum Servieren brauchen.

- Mit etwas handwerklichem Geschick lassen sich aus Baumarktmaterialien stabile Etageren selbst zusammenbauen.
  Für die Etagere (wie auf Seite 82) brauchen Sie z. B. 4 (5) abwischbare, lebensmittelechte Holzplatten:
  - Grundplatte etwa: 55 x 55 x 1,8 cm
  - nächste Etagenplatte etwa: 49 x 49 x 1,8 cm
  - nächste Etagenplatte etwa: 43 x 43 x 1,8 cm
  - Schlussplatten etwa: 20 (25) x 20 (25) x 1,8 cm
  - Zwischenklötze je etwa: 5,7 x 5,7 x 8,5 cm
  Die Platten mit den Klötzchen sicher verschrauben oder fest verleimen.

- Darüber hinaus geben dekorative Baumzweige dem Buffet (wie auf Seite 4 zu sehen) ein völlig neues Gesicht. Geeignet sind stabile Baumzweige (z. B. Kirschbaumzweige), die mit Latexfarbe angestrichen, ein völlig verändertes Aussehen erhalten. Standfestigkeit bekommen die Zweige in einem mit Plastikfolie ausgelegten großen Blumentopf oder Eimer, in welchem die Zweige mit angerührtem Schnellzement festzementiert werden. Kaffeetassen oder Blüten an die Zweige binden und schon ist die Deko, die nicht jeder hat, fertig.
  Übrigens: Zur Adventszeit lassen kleine Lichterketten und Kugeln die Zweige und Ihr Buffet stimmungsvoll erleuchten.

- Ein besonderer Hingucker ist ein Blüteneisblock (siehe Seite 138) zum Servieren gefrorener Teilchen. Und so einfach geht's: Ein gefriergeeignetes Blech mit einem etwa 3 cm hohen Rand zur Hälfte mit kaltem Wasser füllen und etwa 3 Stunden gefrieren lassen. Darauf dann verschiedene kleine Blüten streuen. Diese mit kaltem Wasser bedecken und das Ganze weitere etwa 6 Stunden gefrieren. Vor dem Servieren das Blech mit kaltem Wasser begießen und den Eisblock herauslösen. Den Block auf ein gefriergeeignetes, auslaufsicheres Tablett setzen und die Gebäckteilchen auf Tellern daraufsetzen.

Partykuchen sicher transportieren

- Für den Transport von Torten, Kuchen und Teilchen eignen sich spezielle Torten- bzw. Kuchenbehälter. Blechkuchen und Muffins können natürlich auch direkt mit dem Backblech und der Muffinform mitgenommen werden.

- Damit unterwegs nichts verrutscht, stellt man sie am besten in einen großen Korb oder Klappkorb. Ein angefeuchtetes Tuch unter dem Behälter verhindert das Hin- und Herrutschen. Ersatzweise eignet sich auch ein passend großer Karton oder eine Kühltasche. Damit die Tortenplatte nicht im Karton verrutscht, legen Sie einige Gummiringe darunter.

- Für einen längeren Transport denken Sie vor allem im Sommer daran, Kühlakkus dazu zu legen. Dekorieren Sie Torten und Kuchen evtl. erst nach dem Transport. So können Sie sicher sein, dass diese genauso schön aussehen, wie Sie sich das wünschen.

Weitere Gelingtipps

Alkohol: Wenn Alkohol verwendet wird, haben wir wenn es möglich ist, Alternativen angegeben.

Auswahl für Kuchenbuffets: Möchten Sie ein Party-Kuchen-Buffet zusammenstellen, achten Sie auf ausreichende Kühlmöglichkeiten für Teige, Füllungen und fertige Gebäcke.

Gelatine: Achten Sie darauf, dass die Grundmasse deutlich sicht- und fühlbar geliert ist, bevor Sie die steif geschlagene Sahne unterziehen.

Sahne schlagen: Sahne immer gut gekühlt schlagen. Auch die Rührschüssel sollte nach Möglichkeit vorgekühlt sein. Sahne mit einem Fettgehalt von mindestens 30 % lässt sich besser aufschlagen. Sahne nicht zu lange schlagen, da sich sonst das Fett vom Wasser trennt.

Sahnefüllungen im Sommer? Wenn es sehr warm ist, erhöhen Sie die Menge an Sahnesteif, wenn Sie wissen, dass die Torte eine Zeit lang auf dem Tisch oder dem Buffet steht. Oder Sie festigen die Füllung stattdessen z. B. mit Gelatine.
Im Handel sind Torten- und Kuchenplatten mit Kühlakkus erhältlich, die insbesondere bei wärmeren Temperaturen gute Dienste leisten.

Tortenböden: Böden, die in mehrere Lagen geschnitten werden sollen, am besten einen Tag vor dem Zusammensetzen der Torte backen. Sie lassen sich dann problemlos schneiden und halten die Füllung gut zusammen. Tortenringe mit Schneidhilfe erleichtern das Teilen.

Vorbacken von Tortenböden: Um die Vorbereitung für Feiern zu erleichtern, lassen sich Tortenböden gut vorbacken. Je nach Rezept können sie ohne Qualitätsverlust auf Vorrat eingefroren werden.

Hinweise

Abkürzungen

EL	=	Esslöffel
TL	=	Teelöffel
Msp.	=	Messerspitze
Pck.	=	Packung/Päckchen
g	=	Gramm
kg	=	Kilogramm
ml	=	Milliliter
l	=	Liter
evtl.	=	eventuell
geh.	=	gehäuft
gem.	=	gemahlen
ger.	=	gerieben
gestr.	=	gestrichen
TK	=	Tiefkühlprodukt
°C	=	Grad Celsius
Ø	=	Durchmesser

Kalorien-/Nährwertangaben

E	=	Eiweiß
F	=	Fett
Kh	=	Kohlenhydrate
kJ	=	Kilojoule
kcal	=	Kilokalorien
BE	=	Broteinheiten

Bei den Nährwertangaben in den Rezepten handelt es sich um auf- bzw. abgerundete Werte. Lediglich die Broteinheiten werden mit einer Stelle nach dem Komma ausgewiesen. Aufgrund von ständigen Rohstoffschwankungen und/oder Rezepturveränderungen bei Lebensmitteln kann es zu Abweichungen kommen. Die Nährwertangaben dienen daher lediglich Ihrer Orientierung und eignen sich nur bedingt für die Berechnung eines Diätplans, zum Beispiel bei Krankheiten wie Diabetes. Bei krankheitsbedingten Diäten richten Sie sich daher bitte nach den Anweisungen Ihres Diätassistenten bzw. Ihres Arztes.

Allgemeine Hinweise zu den Rezepten

Lesen Sie bitte vor der Zubereitung – besser noch vor dem Einkaufen – das Rezept einmal vollständig durch. Oft werden Arbeitsabläufe oder -zusammenhänge dann klarer. **Außerdem empfehlen wir:** Backen Sie Ihnen neue Rezepte immer einmal zur Probe, bevor Sie Gäste erwarten. Denn jeder Herd ist anders und ungeübte Handgriffe gehen dann leichter von der Hand. Gelingt Ihnen etwas nicht auf Anhieb, dann kontaktieren Sie uns, wir helfen Ihnen gern weiter.

Zutatenliste und Arbeitsschritte

Die Zutaten sind in der Reihenfolge ihrer Verarbeitung aufgeführt. Die Arbeitsschritte sind einzeln hervorgehoben, in der Reihenfolge, in der wir sie ausprobiert haben.

Zubereitungszeiten

Die Zubereitungszeit ist ein Anhaltswert für die Dauer der Vorbereitung und die eigentliche Zubereitung. Sie variiert je nach Geschick und Übung. Längere Wartezeiten wie Kühl- oder Abkühlzeiten, Auftau- und Durchziehzeiten sind, sofern parallel keine weitere Tätigkeit erfolgt, nicht in der Zubereitungszeit enthalten. Die Backzeiten werden in der Regel gesondert ausgewiesen.

Backofeneinstellung und Backzeiten

Die in den Rezepten angegebenen Backtemperaturen und -zeiten sind Richtwerte, die je nach individueller Hitzeleistung Ihres Backofens über- oder unterschritten werden können. Machen Sie nach Beendigung der angegebenen Backzeit eine Garprobe. Die Temperaturangaben in diesem Buch beziehen sich auf Elektrobacköfen. Die Temperatureinstellungsmöglichkeiten für Gasbacköfen variieren je nach Hersteller, sodass wir keine allgemeingültigen Angaben machen können. Bitte beachten Sie deshalb bei der Einstellung des Backofens die Gebrauchsanleitung des Herstellers. Ein Backofenthermometer eignet sich dabei gut, um die Backofentemperatur im Blick zu haben.

Einschubhöhe

Hohe und halbhohe Formen werden im Allgemeinen auf dem Rost im unteren Drittel des Backofens eingeschoben, flache Formen auf dem Rost in die mittlere Einschubleiste. Blechkuchen, Klein- und Eiweißgebäck gelingen am besten in der Mitte des Backofens. Abweichungen sind möglich und von der Ausführung Ihres Backofens abhängig (Herstellerangaben beachten).

Nur frische Eier verwenden

Bei der Zubereitung von Torten oder Tortenfüllungen mit frischen Eiern, die später nicht gebacken werden, nur Eier verwenden, die nicht älter als 5 Tage sind (Legedatum beachten!). Ei bzw. Eier in eine Rühr- oder Edelstahlschüssel geben und im heißen Wasserbad mit einem Mixer (Rührstäbe) bei mittlerer Hitze aufschlagen, bis eine Temperatur von etwa 70 °C entstanden ist. Die Torten im Kühlschrank aufbewahren und innerhalb von 24 Stunden verzehren.

Tipps zum Vorbereiten

* Der Kuchen kann am Vortag der Party gebacken werden.

Brombeer-Grießrahm-Kuchen (Titelrezept)

Sommergenuss vom Blech

Zubereitungszeit: 50 Minuten, ohne Abkühlzeit
Backzeit: etwa 40 Minuten
20 Stücke

Für den Knetteig:
450 g Weizenmehl
300 g Butter oder Margarine
150 g Zucker
1 Eigelb (Größe M)
1 Prise Salz

Für die Grieß-Vanille-Creme:
700 ml Milch (1,5 % Fett)
500 g Schlagsahne
150 g Zucker
1 Vanilleschote
70 g Weichweizengrieß
1 Eigelb (Größe M)

350 g Brombeeren (frisch oder TK)

Für den Tortenguss:
1 Pck. ungezuckerter Tortenguss, klar
2 EL Zucker
250 ml schwarzer Johannisbeer-Nektar

01 Den Backofen vorheizen.
Ober-/Unterhitze: etwa 200 °C
Heißluft: etwa 180 °C

02 Für den Teig Mehl in eine Rührschüssel geben. Restliche Zutaten hinzufügen und mit einem Mixer (Knethaken) zunächst kurz auf niedrigster, dann auf höchster Stufe gut durcharbeiten. Anschließend auf der leicht bemehlten Arbeitsfläche kurz zu einem Teig verkneten.

03 Den Teig in einem tiefen Backblech oder einer Fettpfanne (30 x 40 cm, gefettet, mit Backpapier belegt) ausrollen, dabei einen kleinen Rand andrücken. Den Teigrand mit den Zinken einer Gabel garnieren. Das Backblech oder die Fettpfanne in den vorgeheizten Backofen schieben. Den Knetteigboden **etwa 15 Minuten goldbraun vorbacken.**

04 In der Zwischenzeit für die Creme Milch, Sahne und Zucker in einem Topf verrühren. Die Vanilleschote längs aufschneiden und das Mark mit einem Messerrücken herausschaben. Vanillemark und -schote in die Sahnemilch geben, zum Kochen bringen und etwa 15 Minuten bei mittlerer Hitze ziehen lassen.

05 Den Grieß einstreuen und etwa 15 Minuten unter gelegentlichem Rühren bei schwacher Hitze kochen lassen. Den Topf von der Kochstelle nehmen. Vanilleschote entfernen und das Eigelb unterrühren.

06 Das Backblech oder die Fettpfanne auf einen Kuchenrost stellen. Die Backofentemperatur um etwa 20 °C herunterschalten.

07 Die Grießrahmcreme auf dem vorgebackenen Knetteigboden verteilen. Die Creme etwa 10 Minuten abkühlen lassen.

08 Frische Brombeeren verlesen, abspülen, gut abtropfen lassen und evtl. entstielen.

09 Die Brombeeren (TK-Brombeeren unaufgetaut) auf der Grießrahmcreme verteilen und etwas eindrücken. Den Rand dabei frei lassen.

10 Das Backblech oder die Fettpfanne wieder in den heißen Backofen schieben. Den Brombeer-Grießrahm-Kuchen in **etwa 25 Minuten fertig backen.**

11 Das Backblech oder die Fettpfanne auf einen Kuchenrost stellen. Den Kuchen erkalten lassen.

12 Für den Guss aus Tortengusspulver, Zucker und Nektar einen Guss nach Packungsanleitung zubereiten. Den Guss mithilfe eines Löffels auf den Kuchen träufeln. Den Guss fest werden lassen, den Kuchen in Stücke schneiden.

Pro Stück: E: 5 g, F: 23 g, Kh: 42 g, kJ: 1658, kcal: 396, BE: 3,5

Kapitelregister

Alphabetisches Register

Für Fragen, Vorschläge oder Anregungen stehen Ihnen der Verbraucherservice der Dr. Oetker Versuchsküche Telefon: 00800 71 72 73 74 Mo.–Fr. 8:00–18:00 Uhr (gebührenfrei in Deutschland) oder die Mitarbeiter des Dr. Oetker Verlages Telefon: +49 (0) 521 52 06 45 Mo.–Fr. 9:00–15:00 Uhr zur Verfügung.

Schreiben Sie uns an Dr. Oetker Verlag KG, Am Bach 11, 33602 Bielefeld
oder besuchen Sie uns im Internet unter
www.oetker-verlag.de, www.facebook.com/Dr.OetkerVerlag oder www.oetker.de.

Umwelthinweis Dieses Buch und der Einband wurden auf FSC® -zertifiziertem, chlorfrei gebleichtem Papier gedruckt. Die Einschrumpffolie – zum Schutz vor Verschmutzung – ist aus umweltfreundlichem und recyclingfähigem PE-Material.

FSC www.fsc.org MIX Papier aus verantwortungsvollen Quellen FSC® C011124

Redaktion Andrea Gloß

Titelfoto Thomas Diercks, Hamburg
Innenfotos Walter Cimbal, Hamburg (S. 4–9, 12, 24, 40–42, 48, 50, 60–64, 70, 76, 82–86, 92, 94, 98, 102, 108, 112, 116, 120, 122, 126, 134–138, 144, 148–155)
Thomas Diercks, Hamburg (S. 10, 14, 22, 36, 56, 58, 66, 68, 74, 80, 110, 140)
Christiane Krüger, Hamburg (S. 26, 28, 34, 46, 54, 72, 78, 90, 100, 118, 124, 130, 132, 142, 146)
Anke Politt, Hamburg (S. 32, 38, 88, 96, 106, 114, 128)
Antje Plewinski, Berlin (S. 16, 18, 44, 52, 104)
Axel Struwe, Bielefeld (S. 20, 30)

Rezeptentwicklung Hermann Rottmann, Hamburg (S. 48, 50, 60, 64, 76, 84, 86, 92, 94, 98, 102, 108, 112, 116, 122, 134–138, 144, 150)

Foodstyling Hermann Rottmann, Hamburg (S. 4–9, 12, 24, 40–42, 48, 50, 60–64, 76, 82–86, 92, 94, 98, 102, 108, 112, 116, 120,122, 126, 134–138, 144, 150)

Wir danken für die freundliche Unterstützung
Coca-Cola, Berlin
Griesson – de Beukelaer, Polch
Ludwig Schokolade, Bergisch Gladbach
MARS, Viersen
August Storck, Berlin

Nährwertberechnungen Nutri Service, Hennef

Grafisches Konzept kontur:design, Bielefeld
Titelgestaltung kontur:design, Bielefeld
Satz kontur:design, Bielefeld

Reproduktionen Mohn Media Mohndruck GmbH, Gütersloh
Druck und Bindung Mohn Media Mohndruck GmbH, Gütersloh

ISBN: 978-3-7670-0861-8